beck **sche**
beck **reihe**

b **sr**

Auch in seiner neuesten Sammlung juristischer Stilblüten ist Wilfried Ahrens dem *Fehrlerteufel* wieder vielfältig auf die Spur gekommen. So erfährt man, daß von streitbefangenen Misthaufen eine ganz erhebliche *Gerichtsbelästigung* ausgeht, trifft auf reuige Sünder, die ihr *Leben um 360° ändern* wollen, und staunt über den Versuch, sich selbst zum Opfer zu *sterilisieren*. Da werden im Prozeß Zeugen *seziert* und CDs in *Ohrenschein* genommen, und wenn ein Gericht meint, die Klage sei *zu lässig*, vertraut der Bürger auf das *Schreien seiner Prozeßbevollmächtigten*. Kurzum, das *Wortkabular* ist schillernd und die Empfehlung, bei der Lektüre ernst zu bleiben, von *sekundärer Priorität*.

Dr. Wilfried Ahrens ist Oberstaatsanwalt bei der Staatsanwaltschaft Göttingen. In der Beck'schen Reihe ist von ihm lieferbar: *Der Geschädigte liegt dem Vorgang bei* (⁷2010); *Der Unfallort hat sich bereits entfernt* (⁴2007); *Der Angeklagte erschien in Bekleidung seiner Frau* (²2006); *Der Polizist rettete sich durch einen Seitensprung* (2008).

Wilfried Ahrens

Der Angeklagte trägt die Kisten des Verfahrens

Die neuesten juristischen Stilblüten

Verlag C.H.Beck

Originalausgabe

© Verlag C.H.Beck oHG, München 2010
Satz, Druck u. Bindung: Druckerei C.H.Beck, Nördlingen
Umschlagentwurf: malsyteufel, Willich
Umschlagabbildung: © Jussi Steudle
Printed in Germany
ISBN 978 3 406 60708 0

www.beck.de

Inhalt

Vorwort

Das Medium der Juristen ist die Sprache. Juristen können gar nicht anders, sie reden und schreiben unendlich viel, verfassen Schriftsätze, erheben Anklagen, setzen Urteile ab und bewegen sich dabei stets in einem ganz speziellen Sprachkosmos. Kurzum: Ihr Handwerkzeug ist die Sprache.

Ein Zahnarzt beispielsweise, bekanntlich jemand, der von der Hand im Mund lebt, er bohrt höchstpersönlich im Patientenzahn. Wir Juristen stellen allenfalls bohrende Fragen, fühlen anderen nur sprichwörtlich auf den Zahn.

Ingenieure versetzen mit Hilfe von Maschinen ganze Berge, Juristen bewegen etwas, indem sie argumentieren, plädieren, parieren. Kriegt ein Chiropraktiker seine Kundschaft handfest in den Griff, so ist uns, den Geisteswissenschaftlern, so etwas fremd. Juristen legen niemals Hand an. Unmittelbaren Zwang üben andere aus. Der Richter befiehlt nur die Verhaftung, die Staatsanwältin verliest die Anklage, das Gericht spricht Recht, der Anwalt erhebt Einreden.

Aber auch jene, die vollstrecken, pfänden und fixieren, auch sie müssen, weil im Zweifel ja alles irgendwie anfechtbar und überprüfbar ist, begründen und berichten, protokollieren, dokumentieren. Alles mündet in Wörter und Sprache.

Und der Bürger schließlich, der rechtsuchende ebenso wie der betroffene? Er hat da zwangsläufig mitzutun. Zwar kann er in bestimmten Situationen schweigen, das ist sein gutes Recht. Aber im allgemeinen gilt: Wer etwas erreichen will, muß sich artikulieren. Ein Zeuge mag Atteste und Fotos vorlegen, doch wie es im einzelnen zu seinen Verletzungen gekommen ist, das muß er uns schon genau schildern.

Wo alles derart auf Sprache beruht und ausgerichtet ist, lassen Fehlleistungen und Mißgeschicke nicht lange auf sich warten.

Neben rhetorischem Feuerwerk erleben wir Sternstunden sprachlicher Minderleistung, die ganze Palette sprachlicher Purzelbäume.

Und so bin ich bei aller Ernsthaftigkeit im Beruf stets auch auf der Ausschau nach dem ganz speziellen Sachverhalt, nämlich dem Sachverhalt mit Lachgehalt. Neben Fällen mit kuriosem Anstrich meine ich vor allem die Stilblüten, jene verbalen Unfälle also, die einer Aussage eine ungewollt neue, lachreizende Wendung verleihen können.

Erneut möchte ich Sie mit dieser Sammlung einladen, daß wir gemeinsam einen Blick in dieses Genre werfen.

Bleibt mir abschließend nur, mich ganz herzlich bei all jenen zu bedanken, die mir ihre Funde anvertraut und damit die breite Basis für dieses Buch erst ermöglicht haben.

Wilfried Ahrens

1. Aperitifs

Sie kennen das womöglich schon. Ohne thematische Festlegung dient das erste Kapitel dazu, Ihren Appetit anzuregen und Sie auf den Geschmack zu bringen.

Das Wohltuende an der Juristerei ist doch, daß sie, im Gegensatz zu manch anderem Fachjargon, nicht in einer mit Fremdwörtern gespickten Sprache daherkommt, sondern ihre oft komplizierten Regelungsinhalte in verständlichem Deutsch mitteilt.

Aus der Stellungnahme eines Landgerichtspräsidenten zu einer notariellen Kostenrechnung:

Der Geschäftswert hätte mit 72 000,– EUR angenommen werden müssen, woraus sich eine Gebühr in Höhe von 354,– EUR errechnet hätte.

Steht nämlich ein Gesamtrecht mehreren Personen zu, die verschiedenen Jahrgangsgruppen des § 24 Abs. 2 KostO angehören, so wird zuerst der Wert dieses Rechts für den älteren Mitberechtigten nach seinem Jahreswert und seinem Vervielfältiger nach Abs. 2 der genannten Bestimmung berechnet, sodann der Wert des jüngeren Mitberechtigten, letzterer berechnet nach dessen Jahreswert, vervielfältigt mit der Differenz zwischen dem Gruppenvervielfältiger der jüngeren Jahrgangsgruppe minus dem Vervielfältiger der älteren Jahrgangsgruppe.

(Falls es interessiert: Es ging um die Bestellung eines Nießbrauchrechts.)

Wer nun glaubt, in der Juristerei sei es mit purer Paragraphenreiterei getan, der wird durch diesen einfühlsamen Einstellungsbescheid eines Staatsanwalts hoffentlich eines Besseren belehrt.

Sehr geehrte Frau Brachfeld,
eine Straftat liegt nicht vor.

Sollten Sie ein körperliches Unwohlsein verspürt haben, so
kann dies nicht mit dem Betrieb von Funkgeräten ursächlich
zusammenhängen. Dazu sind die hierfür verwendeten Span-
nungs- und Stromstärken zu gering.

Das Kribbeln in den Füßen kann durch Überbeanspruchung
der Füße, durch Kreislaufstörungen oder einen Mangel an mine-
ralischen Aufbaustoffen in der Ernährung, z. B. Magnesium, her-
vorgerufen worden sein. Auch nervliche Belastung ist denkbar.

Keinesfalls läßt sich ein Zusammenhang zwischen dem Ama-
teurfunken und Ihren Beschwerden nachweisen. Ich habe das
Verfahren gemäß § 170 Abs. 2 StPO eingestellt.

Und natürlich verfügt man auch bei der Polizei über ein thera-
peutisches Händchen.

Die Anruferin bat um Erscheinen der Polizei, weil sie mit den
Nerven am Ende sei. Ursache sind Verspannungen in der Fami-
lie. Es wurde ein klärendes und beruhigendes Gespräch geführt.

Einfühlsamer Rat war nicht zuletzt auch hier gefragt.

An die Kriminalpolizei in Hildesheim
Heute, am 23. 11. ist bei mir Ihre Vorladung für den 22. 11.
eingegangen. Ich bin aber seit dem 14. 11. von Hildesheim nach
Gelsenkirchen verzogen und bin im 7. Monat hochschwanger.
Bitte teilen Sie mir mit, was ich jetzt tun soll.

Wer es mit der Justiz zu tun bekommt, den beschleicht womöglich schon früh das Gefühl, daß die finanziellen Folgen erheb-
lich sein könnten und er am Ende mit weit weniger Federn
dastehen wird.

Ich habe die Unterlagen Ende Dezember in den Briefkasten des
Amtsgerichts geworfen und habe damit die Aufgabe meiner der-
zeitigen finanziellen Lage erfühlt.

Daß man für seine Schulden in aller Regel persönlich haftet, unterstrich ein Landgericht so:

Der Beklagte zahlt an den Kläger bis zum 15. 6. einen Betrag von 13 000,– EUR. Geht der Beklagte nicht pünktlich auf dem Konto des Klägers ein, ist er mit 5 Prozentpunkten über dem Basiszinssatz zu verzinsen.

Für die Gewährung von Prozeßkostenhilfe muß man in gewisser Weise arm sein (das Institut hieß bis 1981 ja auch noch Armenrecht), jedoch sollte man bei der Darstellung seiner Bedürftigkeit nicht zu dick auftragen. Ein Gericht rechnet genau nach.

Der Antragsteller, seine Frau und die beiden Kinder leben von minus 44,00 EUR im Monat. Dabei sind einige Abzüge (z. B. 300,00 EUR «Tankgeld») noch gar nicht berücksichtigt.

Und derart wenig war den Richtern einfach zuviel.

Das glaubt die Kammer nicht.

Ganz zufrieden mit seiner Einkommenssituation schien aber er hier zu sein:

Ich verdiene im Monat nette 1800,– Euro.

Die Gerichtssprache ist bekanntlich deutsch. Das gilt bereits für Vernehmungen bei der Polizei, wo man aber selbstverständlich ein Auge zudrückt, wenn es mal nicht ganz so perfekt klingt.

Einen Dolmetscher benötigte die Beschuldigte nicht. Sie sprach mit gebrochenem Akzent, jedoch sehr gut deutsch.

Aufhorchen läßt, wenn es dann an anderer Stelle mit gebrochener Grammatik weitergeht:

Die Beschuldigte erzählte in guten Deutsch, daß sie ihren Mann angerufen hat.

Wenn ich mich (mit Ihnen, wie ich hoffe) auch in dieser Sammlung wieder über das eine oder andere Vergehen und Verbrechen an unserer Sprache amüsieren und mokieren werde, dann habe ich dabei die Muttersprachler im Visier, also die, die es an sich können sollten, und nicht jene, die unsere Sprache erst noch erlernen und die sich – Respekt! – zuweilen sogar noch dafür entschuldigen, wenn ihre selbst formulierten Anliegen mal etwas holpriger ausfallen.

Wen ich habe falch geschriben ist es tutmirserlied wass ich deutsch kann habe ich geschriben.

Und falls es mal gar nicht läuft, gibt's immer noch die Dolmetscher. Die haben inzwischen eine erhebliche Kompetenzfülle.

Die gesamte Verhandlung wurde durch den Dolmetscher übersetzt, vorgelesen und genehmigt.

Auch die Übersetzungsdienste in den ausländischen Botschaften geben ihr Bestes. Und daß dabei mal eine Typbezeichnung fast zum amtlichen Kennzeichen gerät – Schwamm drüber. Schließlich wollen wir uns amüsieren und nicht ein Haar im Essen finden.

Schreiben an die Staatsanwaltschaft:

Hiermit bitten wir um eine Auskunft. Bei uns in der Botschaft hat sich Herr X, Bürger unserer Republik, gewendet. Am 14. 7. 2009 hat er auf einem Automarkt im Essen ein Auto mit den Kennzeichen Mercedes E-220 CDI gekauft. Er hat den Verkäufer eine Summe vom 15 500 Euro bezahlt. Der Verkäufer ist mit dem Geld verschwunden. Sofort haben die Mitarbeiter der Meldestelle Herrn X informiert, daß dieses Auto als geklaut gemeldet war. Das Auto ist festgenommen und beim Polizeipräsidium Essen wurde ein Bericht erfaßt.

Wir möchten Sie bitten, uns Auskunft bezüglich den Stand der Ermittlungen zu geben.

2. Gerichte

Unsere Strafprozeßordnung kennt fünf Arten von Beweismitteln. Neben den Angaben des Beschuldigten bzw. Angeklagten sowie dem Zeugen-, Urkunds- und Sachverständigenbeweis kommt als fünftes der sogenannte richterliche Augenschein hinzu. Darunter fällt nach allgemeiner Auffassung sogar der Inhalt von Tonaufnahmen. Das Gesetz hinkt hier der technischen Entwicklung eben hinterher und befindet sich nicht auf der Höhe der Zeit. Anders diese pfiffige Protokollführerin, die in einem Hauptverhandlungsprotokoll beherzt notierte:

Es wurde allseits in Ohrenschein genommen:
– Kopie der Telefonanrufe auf CD-ROM aus Asservat Nr. ...

Trotzdem verfügt man in der Justiz selbstverständlich auch beim Umgang mit neuen Medien und Techniken über ausgereifte Schulungsprogramme.

Eine genaue Einweisung wird zu späterer Zeit im Rahmen eines ca. 60 Minuten langen Lehrgangs erfolgen.

Eine klassische Domäne für richterlichen Augenschein sind natürlich Ortstermine. Nur, wer verläßt schon wirklich gern Verhandlungssaal und Gerichtsgebäude?

Bei Gründung des Deutschen Richterbundes hatte es zwar noch voller Tatendrang geheißen (zu vgl. Viezens, Deutsche Richterzeitung 1909, 14):

Es ist an der Zeit, zu zeigen, was wir außerhalb der Akten können.

Aber keine Frage, Ortstermine sind und bleiben, ob nun im Straf- oder Zivilprozeß, unbeliebte, weil lästige und zeitaufwendige Prozeduren, von denen dieser OLG-Senat jedenfalls die Nase gründlich voll hatte.

Der Senat ist mit vergleichbaren Fällen wiederholt befaßt und kennt daher Schweinegeruch zur Genüge. Er kann auch ohne Inaugenscheinnahme beurteilen, daß bei einem längeren Aufenthalt von 17 bis 18 Schweinen Gerüche entstehen.

Selbst den Endprodukten gegenüber verhält man sich zuweilen distanziert.

Aus einem Sachverständigengutachten, in dem es um die Wurst ging:

Es macht aus meiner Sicht wenig Sinn, einen teuren Ortstermin anzuberaumen, um dort bei einer 14 Monate alten Mettwurst darüber zu orakeln, wie sie wohl im Frisch-Zustand ausgesehen und geschmeckt haben mag!

In Freudscher Manier verriet uns auch ein Amtrichter etwas von seiner Befindlichkeit, als er das Urteil in einem Nachbarschaftsstreit absetzte, bei dem es um einen stinkenden Misthaufen ging:

Der Kläger behauptet, von dem Misthaufen gehe eine ganz erhebliche Gerichtsbelästigung aus.

Aber warum nicht in der Tat mal rausgehen und genau hinschauen, wie das Volk, in dessen Namen man schließlich urteilt, so wohnt und lebt. So betrachtet kam der folgende Beweisantritt vielleicht gerade recht.

Die Toilettenverhältnisse sind entgegen der Darstellung des Klägers unhygienisch und auch unzureichend. Die Toilette wird außer von der Familie des Beklagten noch von vier fremden Personen mitbenutzt.
Beweis: Augenscheinseinnahme

Das richtige Näschen, und zwar für prozessuale Fragen, bewies diese Strafkammer, wie ihr der BGH (StV 1998, 422) später im Revisionsbeschluß ausdrücklich bescheinigte:

Es ist nicht zu beanstanden, daß der Antrag auf Einholung eines morphologischen bzw. anthropologischen Sachverständigengutachtens zum Beweis der Tatsache, die Nasenform des Angeklagten («Knubbelnase») sei bei über 30% der mitteleuropäischen Bevölkerung vorhanden, wegen eigener Sachkunde des Gerichts (§ 244 Abs. 4 Satz 1 StPO) abgelehnt wurde. Zur Begründung hat das Landgericht ausgeführt: «Die vier Mitglieder der Strafkammer – Durchschnittsalter 50 Jahre – haben im Laufe ihres überwiegend in Mitteleuropa verbrachten Lebens zigtausende von Nasen gesehen und sehen täglich neue, so daß sie in der Lage sind zu beurteilen, wie häufig die dem Angeklagten eigene Nase in etwa vorkommt.» Entgegen der Ansicht der Revision stellt dies keinen Verstoß gegen § 244 Abs. 4 StPO dar. Über die allgemeine Lebenserfahrung hinausgehendes außerjuristisches Spezialwissen erfordert die Beantwortung der Beweisfrage, die keinen schwer erfaßbaren Sachverhalt betrifft, nicht.

Zudem ist der Erwerb von eigener Sachkunde noch während der laufenden Hauptverhandlung möglich. Die Zeugin hat drei Wochen vor der Urteilsverkündung ausgesagt, so daß die Richter ausreichend Zeit für intensive Vergleichsbeobachtungen hatten.

Sehr genau hingucken muß übrigens auch, wer zum Zwecke der Identitätsfeststellung die Frontfotos geblitzter Autofahrer mit vorhandenen Lichtbildern zu vergleichen hat. Hier gelang das dem Ordnungsamt bei einer Frau jedoch recht gut. Es gab nämlich eine besonders markante Übereinstimmung bei den morphologischen Merkmalsprägungen, und zwar eine

sprungschanzenähnliche Nase.

Man mag ja vor Gericht zuweilen alt aussehen, selbst bei optimaler Verteidigung, aber wirklich gleich um 45 Jahre älter?

Die Verteidigerin:

In der Strafsache gegen Benjamin Spring wird unter Bezug-
nahme auf das im Gerichtsbeschluß angegebene Geburtsdatum
darauf hingewiesen, daß der im Hauptverhandlungstermin ne-
ben der Unterzeichnerin sitzende Angeklagte augenscheinlich
nicht bereits 87 Jahre alt war.

Als aber einmal ein verwitweter Angeklagter tatsächlich 83
Lenze zählte, hätte der Richter trotzdem nicht ins Urteil schreiben dürfen:

der verwitterte Angeklagte

Sistierte Zeugen sind solche, die nicht vom Gericht geladen worden sind, sondern die ein Verfahrensbeteiligter zur mündlichen
Verhandlung selbst mitbringt. Hier hatte die Staatsanwaltschaft
einen solchen Zeugen sistiert, der dann aber von der Verteidigung regelrecht auseinandergenommen worden sein muß, hieß
es im Hauptverhandlungsprotokoll doch:

der sezierte Zeuge

Aber die Staatsanwaltschaft ist insoweit gerüstet.

Sitzung des Strafrechtsausschusses der Konferenz der Justiz-
ministerinnen und -minister vom 26. bis 28. Mai in Stuttgart
hier: TOP «Umgang mit Leichenteilen in der staatsanwaltschaft-
lichen Praxis»

Und an Nachschub mangelt es auch nicht. Prozessierender Bürger an das Gericht:

Ich habe noch weitere lebendige ehrbare Zeugen.

Offenbar im Bestreben, daß auch unsere Laienrichter das Sezie-
ren und Auseinandernehmen bis ins einzelne nachvollziehen

können, überraschte ein Landesjustizministerium mit dieser ungewöhnlichen Ankündigung für die nächste Justizminister-konferenz:

Auf den neu hinzugekommenen Tagesordnungspunkt «Mögliche Bewerbungen rechtsmedizinischer Kandidaten für das Schöffenamt» darf ich hinweisen.

(Wie man hört, waren allerdings rechtsextremistische Bewerber gemeint.)

Und so bleibt es auch in Zukunft für unsere Schöffen als Laienrichter wohl eher bei dem, was ein Tippfehler in einem Polizei-bericht produziert hatte, nämlich bei einer

Personlaienfeststellung.

Als ein Schöffe nach einer unbedachten Äußerung im Prozeß vom Verteidiger wegen Besorgnis der Befangenheit abgelehnt worden war, vermochte auch eine dienstliche Äußerung des Laienrichters die Bedenken nicht zu zerstreuen. Fazit des Verteidigers im Schriftsatz an das Gericht:

Deshalb gilt:
Sie müssen Ihres Amtes walten:
Der Schöffe ist nicht mehr zu halten.
Und bleibt der Schöffe trotzdem da,
dann richtet's erst der BGH.

Auch Berufsrichter werden zuweilen abgelehnt. Als hier in einem Beschluß eigentlich zum Ausdruck gebracht werden sollte, daß Zweifel an der Unbefangenheit des abgelehnten Richters fehl am Platz seien, bewunderte man insgeheim wohl doch eher die Kaltschnäuzigkeit, mit der der Kollege da zu Werke gegangen war.
Auszug aus dem Gerichtsbeschluß:

Jedenfalls ergibt sich für den Angeklagten aus diesem Vorhalt kein Grund für ernsthafte Zweifel an der Unverfrorenheit des abgelehnten Richters.

Das A und O im Zivilprozeß sind Zeugen für den eigenen Sachvortrag. Und es verleiht zweifellos ein Gefühl der Stärke, wenn ein Anwalt gleich 3 Zeugen in der Hinterhand hat.

Der Vortrag der Klägerin, daß sich der Beklagte auf die Ladefläche des Lkw begab, um den gelieferten Tank einfach herunterzuschieben, entspricht nicht den Tatsachen. Der Beklagte hatte jedenfalls drei weitere kräftige Personen engagiert, die dafür Sorge tragen sollten, daß der Tank abgeladen und auf den Boden gestellt wird. Es waren also drei weitere kräftige Männer vorhanden gewesen.

    Beweis: Zeugnis der drei kräftigen Männer, die noch benannt werden.

Prof. Dr. Klaus Tolksdorf, heute Präsident des BGH, ermunterte in einem Fachvortrag die anwesenden Landrichter, sich in ihren Urteilen auf das Wesentliche zu konzentrieren. So würde in Kapitalsachen nicht selten in epischer Breite beispielsweise eine Wohnung beschrieben (also in Wahrheit der polizeiliche Tatortbericht übernommen), obwohl all dies für den im Schlafzimmer begangenen Mord völlig unerheblich sei. Man möge doch bitte Rücksicht darauf nehmen, daß man das in der Revisionsinstanz schließlich alles durchlesen müsse, er als Vorsitzender sowieso. Um den nachfolgenden Berichterstatter in seinem Durchhaltevermögen zu stützen, schreibe er in solchen Fällen deshalb schon mal an den Rand:

Noch 15 Seiten bis zur Tat.

Staatsanwaltschaft und Gerichte gehen im allgemeinen recht kollegial miteinander um. Glaubt man, die jeweils anderen Müh-

len mahlten mal zu langsam, ist nicht gleich Säbelrasseln angesagt, allenfalls wird zum Florett gegriffen.

Aus einer Sachstandsanfrage der Staatsanwaltschaft an ein
Amtsgericht, das auf zwei erhobene Anklagen bislang nicht reagiert hatte, etwa durch Eröffnung des Hauptverfahrens:

*Es wird darauf hingewiesen, daß die Anklagen vom 21. 8. bzw.
28. 8. des Vorjahres datieren. Beide Anklagen feiern demnächst
einjährigen Geburtstag.*

Der rechtsuchende Bürger argwöhnt in solchen Fällen dann
offenbar, daß da nicht nur ein Amtsschimmel wiehert, sondern
auch das eine oder andere Steckenpferd zum Ausritt lockt.

*Es hieß, der Richter wäre nicht im Haus. Auch in die Geschäfts-
ställe des Amtsgerichts wurde ich nicht vorgelassen.*

Niemand ist begeistert, wenn er seine Chance vermasselt sieht,
mit Schwung in die nächste Instanz zu starten.

*Das Landgericht und das Oberlandesgericht stehen im Verdacht,
Absprachen getroffen zu haben und mir keine Schanze für ein
ordentliches Verfahren zu geben.*

Mit dem Gesetz in Konflikt geratene Bürger haben meist ein
gutes Gespür dafür, wie drohender Sippenhaft vorzubeugen ist.

*Sehr geehrte Damen und Herren,
    zunächst einmal möchte ich die Richterin Frau Dr. Krallfüßer
bitten, ihre Tätigkeit in meinem Fall nicht weiter auszuüben, da
meine Tochter schon das Vergnügen mit dieser hatte.*

Vielleicht läßt sich unter Hinweis auf familiäre Zustände ja
ohnehin eine Sanktionierung ganz vermeiden. Ehefrau eines
Angeklagten an das Gericht:

Ich denke, daß Sie mich nicht falsch verstehen. Ich bin seine Frau und wir haben ein Kind. Ich denke, das alles müßte schon genug Strafe sein für meinen Mann.

Wer allerdings als U-Gefangener einen Haftrichter davon überzeugen will, daß im Falle einer Entlassung von Fluchtgefahr keine Rede sein könne, der sollte sich jede Lobeshymne darauf verkneifen, wie kriminell und hartgesotten es daheim zugeht.

Unsere Familienbande ist sehr gefestigt.

Namen werden in meinen Büchern grundsätzlich frei erfunden. Einmal aber hieß jemand tatsächlich Glied. Wir wollen seinem Anwalt keineswegs Hintersinn unterstellen, als er dem Gericht schrieb:

Im Verfahren gegen Glied wird nach dem Stand der Sache gefragt.

Ob der Mandant am Ende gar verurteilt wurde, weil er gestanden hatte, soll offen bleiben.

3. Klare Ansagen

Wer vor Gericht steht und trotz Rückfalls noch ein weiteres Mal Bewährung kriegt, der bedarf im Urteil schon einer sehr klaren Ansage, was bei erneuten Straftaten drin wäre, nämlich nichts.

Dem Angeklagten muß bewußt sein, daß sich mit dieser Entscheidung das Füllhorn der Gnade über ihn reichlich erschöpft hat und er im Falle erneuter Straftatbegehung dieses Füllhorn so trocken vorfinden wird, daß ihm eine jede afrikanische Wüste wie ein nasser Schwamm vorkommen muß.

Daß aber solche Ansagen der Bereinigung von Konflikten entgegenstehen können, macht sich kein Gericht klar.

Nachdem er am Telefon auch noch meine verstorbene Mutter beleidigt hatte, erklärte ich ihm, daß ich ihn in einer halben Stunde vor dem «Texana» treffen will. Dort traf ich ihn auch. Wir unterhielten uns dann zunächst kurz, und er sagte, daß ich den ersten Schlag tun soll, da er Bewährung hat. Ich erklärte ihm, daß ich dieses nicht tun werde, da ich selber noch Bewährung habe.

Oder es heißt schlicht: Zähne zusammenbeißen.

Er schlug mir ca. 20–25 Mal mit Ohrfeigen durchs Gesicht. Ich habe mich nicht gewehrt, weil ich vorbestraft bin, und zwar wegen Körperverletzung.

Neben einer Bewährung können sich aber auch Zuständigkeitsfragen präventiv auswirken, die nicht nur in Justizkreisen streng beachtet werden.

Nach ordnungsgemäßer Belehrung wird dem Beschuldigten der Vorwurf zum Raub am 14. Oktober, 16.00 Uhr gemacht, wobei er angibt, daß er diesen Überfall nicht begangen haben kann, weil das Gelände des Supermarktes nicht zu seinem Gebiet gehören würde. Außerdem wäre er doch nicht so blöd, während seiner Bewährungszeit Straftaten zu begehen.

Wie heißt es doch bei Wilhelm Busch in der «Frommen Helene»:

Das Gute – dieser Satz steht fest – ist stets das Böse, was man läßt.

Manche nehmen ihre Bewährung sogar bierernst.

Aus einer gerichtlichen Anhörung:

Angesprochen auf die nicht wahrgenommenen Termine bei der Bewährungshelferin, gibt der Proband an, an diesen Terminen habe er lieber Bier trinken wollen. Den gestrigen Termin habe er versäumt, weil er die Einladung zu spät gelesen habe.

Ein anderer Verurteilter hatte sich in einem Brief an das Gericht zumindest schon mal Gedanken über die Erfüllung seiner Bewährungsauflage gemacht, verfiel aber ausgerechnet auf den blauen Montag. Der Richter:

Ich bin geradezu begeistert, daß Sie sich endlich der Ableistung der Arbeitsstunden annehmen wollen. Aber warum nur montags?

Was ist mit Dienstag, Mittwoch, Donnerstag, Freitag, Samstag, Sonntag?

Wenn es nachhaltigen Ärger mit der Ableistung von Arbeitsstunden gibt, ist der Widerruf der Bewährung vielleicht am Ende unvermeidlich, dann aber wegen gröblichen Verstoßes gegen die Auflagen und nicht, wie es mal hieß, wegen eines

glücklichen Auflagenverstoßes.

Wer seine Strafe absitzt, hofft natürlich auf vorzeitige Entlassung. Gut dran, wer sich dann geschickt auszudrücken weiß:

Ich bitte um bedingte Strafentlassung auf Bewährung. Dem Gericht ist geboten, mich in Zukunft gesetzlich einwandfrei zu führen, indem meinem Gesuch stattgegeben wird.

Egal an welchem Wochentag, zu Übergriffen gegen seine Ehefrau war es schon öfter gekommen, und nur scheinbar und auf dem Papier zeigte dieser Täter am Ende reuige Ansätze von Selbstbestrafung.

Die Ehefrau berichtete uns bei unserem Eintreffen, sie habe sich nach den ersten Übergriffen zunächst in ein Zimmer flüchten können. Später, nach Verlassen des Zimmers, habe ihr Mann sich gewürgt, mit der Hand ins Gesicht geschlagen und gegen das linke Schienbein getreten.

Aber man staunt schon, welch tiefes und auch echtes Bedauern gerade von Körperverletzern manchmal zu Protokoll gegeben wird.

Ich bedauere zutiefst, daß ich nicht doller zugeschlagen habe. Denn am nächsten Tag hatte er schon wieder eine große Fresse.

Damit man sich später nichts vorzuwerfen hat, handeln andere, solange es noch geht.

Im Zuge der polizeilichen Schlichtung schlug der Beschuldigte einem weiteren Opfer mit der Faust ins Gesicht.

Und hat man mal allzusehr über die Stränge geschlagen, so richtet's eben der Verteidiger. Anwälte als Opfervertreter staunen dann nicht schlecht:

Das mindestens bedingt vorsätzliche Provokationsverhalten des Beschuldigten über einen längeren Zeitraum hinweg sowie die dann von ihm genutzte Möglichkeit, anläßlich eines Griffs an den Kragen mit einem Bierkrug mehrfach heftig auf den Kopf meines Mandanten einzuschlagen (die Verletzung mußte mit 12 Stichen genäht werden), entspricht nicht so ganz dem Bild einer «klassischen Notwehrsituation», wie sie der Kollege Winkel nach dem Akteninhalt für gegeben hält.

Klare Ansagen – in Nachbarschaftsfehden sind sie geradezu an der Tagesordnung.

Hier handelt es sich um Menschen mit ganz niederer Gesinnung und einem Charakter, den selbst ein Schwein im Stall nicht hat.

Die Fabulierfreude ist eben groß und steigert sich noch im Angesicht des Feindes.

Im Laufe des Streits wurde mein Nachbar immer verbaler und beschimpfte mich auf übelste Weise.

Wie sieht in einer solchen Situation eigentlich gelebtes nachbarliches Notwehrrecht aus?

Ich drückte ihn zu Boden und kniete mich auf ihn. Er hörte jedoch nicht auf, mich in übelster Fekalsprache zu beleidigen. Da schaufelte ich ihm mit der freien Hand Rindenmulch in den Mund, damit es endlich Ruhe gab.

Kommen die Verbalinjurien später vor Gericht zur Sprache, heißt es im Protokoll aber womöglich:

Das soll ich gesagt haben? Das ist doch gar nicht mein Wortkabolar!

Da verbessert sich die Beweislage natürlich schlagartig, wenn der Nachbar sich schriftlich ausgelassen hat. Etwa so:

Sie wahrnwückziger Gartenzwerg!

Oder, mit Bumerang-Effekt:

Das sind doch geistig unterernährte Korrephäen.

Und ein Beleidigter, der die Staatsanwaltschaft drängte, nun endlich Anklage zu erheben:

Wie lange soll ich noch mit dieser meiner so sehr beschmutzten Ehre herumlaufen?

Je länger ein Streit schwelt, desto stärker schwillt die Zornesader.

Schon seit über einem Jahr schwillt zwischen den beiden Nachbarinnen ein Streit um die Benutzung der Mülltonnen.

Und wenn die Ader zu sehr schwillt, mag jemandem der Kragen platzen, in gerechtem Zorn, wie sich versteht. Aber muß man ihn deswegen gleich zu den

Unterhalsberechtigten

zählen, von denen in einer Akte mal die Rede war?

Nachbarschaftskriege sind oft von endlosen Grabenkämpfen geprägt. Bei der Fülle der Beleidigungsvorwürfe gerät da schon mal die Übersicht ins Wanken. Trotzdem hatte natürlich auch diese Beschuldigte Anspruch auf klar definierte Tatzeiten.

Auf Vorhalt der Tat vom 5. September, 07.10 Uhr:
  Um sieben sind wir noch gar nicht wach. Wir stehen erst um Achte auf. Das ist also unmöglich.
  Und wenn ich das gerufen haben sollte, dann habe ich das mit Recht gerufen, aber nicht um sieben.

Ob allerdings ein Nachbar es überhaupt wagt, Anzeige zu erstatten, ist noch die Frage.

Brief an die Staatsanwaltschaft:

Mein Nachbar hat mich am 29. Oktober mit der Behauptung konfrontiert, ich hätte seine Frau bedroht. Per Einschreiben vom 2. November habe ich ihn darum gebeten, daß mich seine Frau bis zum 13. November bei Ihnen anzeigen soll.

Nun hätte ich gern gewußt, ob diesbezüglich eine Anzeige bei Ihnen eingegangen ist.

Wenn man friedlich im Wohnzimmer Silvester feiert und auf einmal fünf Chinaböller auf dem Balkon explodieren, die mutmaßlich gezielt vom oberen Balkon abgeworfen wurden, so ist das allemal eine Strafanzeige wert. Als Täter komme auch nur der Wohnungsinhaber unmittelbar über ihm in Frage, behauptete der Anzeigeerstatter, wobei ihm eine gewisse Hellhörigkeit zur Hilfe kam. Die Polizei:

Auf Frage, wie er den Täter denn habe sehen können, wenn er sich im Wohnzimmer aufgehalten habe, gab er an, daß er den Herrn Piesepampel an seinem Kotzen erkannt habe. Der Piesepampel würde sich als Alkoholiker mehrmals am Tag übergeben und dies würde er genau dieser Person zuordnen können.

Anstatt Dinge klar beim Namen zu nennen, flüchten sich manche lieber in Andeutungen, etwa wenn in einem anonymen Schreiben behauptet wird, ein älterer Mann schmücke sich

mit sehr jungen gewerblichen Mädchen.

Aber vielleicht war dem ja egal, was die Leute über ihn redeten.

Um es mal klar zu sagen, das hat für mich sekundäre Priorität.

Die Flucht ins Verbrämende wird übrigens von der Justiz gern mal durchschaut.

Die Annahme eines Bordellbetriebs wird nicht dadurch in Frage gestellt, daß die darin tätigen Prostituierten als «Wochenmitglieder» und die Freier als «Tagesmitglieder» eines «Vereins für zwischenmenschliche Beziehungen» geführt werden.

(VGH Bad.-Württ., UPR 2000, 38)

4. Nicht ganz saubere Sachen

Erst wird man beauftragt, die Verteidigung zu übernehmen, und am Ende fließt kein Honorar. Natürlich ist ein Anwalt da sauer. Dabei habe ihm der Mandant, so dieser Geprellte schutzsuchend in seiner Betrugsanzeige an die Staatsanwaltschaft, sogar ausdrücklich versprochen, er werde das Honorar aus jenen Geldmitteln bestreiten, die noch aus der Straftat stammten und aktuell in Luxemburg geparkt würden.

Und nun wundert er sich, der Anwalt, daß gegen ihn wegen Geldwäsche ermittelt wird. Gibt es eigentlich schon die Kategorie «Die dümmsten Strafanzeigen»? Wäre sicherlich ein heißer Favorit.

Offenbar mit Engelszungen muß auf manche Ertappte eingewirkt werden, damit sie den Anweisungen des Ladendetektivs Folge leisten.

Im Ausgangsbereich habe ich die Frau angesprochen und ins Büro gebeten.

Und egal, ob man's nun war oder nicht, etwas bleibt immer hängen.

Alle im Geschäft starrten mich an, als die Polizei mich vom Büro nach draußen begleitete. Die ganze Angelegenheit war mir ziemlich peinlich. Draußen hafteten alle Augenpaare an mir.

Was nicht vor Wiederholung schützt.

Ich will so schnell wie möglich mit dem Klauen aufhören. Wie ich das jedoch schaffen soll, kann ich nicht sagen.

Vielleicht alles nur eine Frage der Definition.

Ich wollte die Flaschen nicht klauen. Ich nenne das entführen. Ich sammele halt die Flaschen und stelle die zu Hause auf.

Trotz aller Erklärungsversuche, Ladendiebstahl ist einfach keine saubere Sache. Ein Beschuldigter:

Es tut mir leid, unangenehm aufzufallen. Ich will nie mehr auffallen. Ich war immer in Armut. Trage meine Unterhosen über 10 Jahre.

Wer ein Rezept fälscht, sollte steife, ungelenke Schriftzüge vermeiden und sich lieber einer schwungvollen Handschrift bedienen, die die Dynamik eines Mediziners ausstrahlt.
    Aus einem Strafurteil:

Auf dem Rezeptformular wurde handschriftlich mit einer sehr ungelenkigen Schrift das auszuhändigende Medikament eingetragen.

Sonst nämlich läuft die Sache schnell aus dem Ruder …

In der Apotheke wurde der Angeklagte dann von der Zeugin Schmidt bedient, die jedoch aufgrund der sehr ungelenkten Handschrift stutzig wurde.

… und steuert unweigerlich auf einen Schuldspruch zu.

Es sind ohnehin nur die gelungenen Fälschungen, die Respekt abnötigen, besonders einem erfahrenen Kriminalbeamten:

Der betreffende Verrechnungsscheck / Fälschung liegt hier nun vor. Es handelt sich eindeutig um eine Fälschung unterster Güte mit folgenden Druckfehlern: Banleitzahl statt Bankleitzahl und Munster statt Münster. Des weiteren müßte aufgrund der Papierbeschaffenheit eher davon ausgegangen werden, daß es sich um entsprechendes Verbrauchsmaterial aus einer öffentlichen Toilet-

tenanlage handelt, vom verwaschenen Aufdruck mit Falsch-
schreibung und verschwommener Hintergrundbedruckung ganz
zu schweigen.

Nach hiesigem Dafürhalten müßte es jedem Vorleger dieses
Exemplars bei seiner Hausbank zur Gutschrift die Schamesröte
in das Gesicht treiben.

Auch nach der Euro-Einführung waren zunächst nur Stümper
am Werk. Es dauerte bis Ende Juli 2002, als die Hannoversche
Allgemeine Zeitung endlich titeln konnte:

Falsche 50-Euro-Noten
Die ersten guten Euro-Fälschungen sind da

Aber keine Angst, der Geldmarkt ist nicht derart mit Blüten
überschwemmt, wie dieses Urteil nahelegt:

Am 1. Februar 2010 benutzte der Angeklagte den Stadtbus der
Linie 12, ohne im Besitz eines gültigen Fahrausweises zu sein, und
in der Absicht, das erforderliche Falschgeld nicht zu entrichten.

Auch bei diesem Diebstahl war die Polizei ganz offensichtlich
von der fachmännischen Ausführung beeindruckt.

Bei Inaugenscheinnahme des Pkw konnte festgestellt werden,
daß Lenkrad und Fahrersitz ordnungsgemäß ausgebaut worden
waren.

Ordnungsgemäß.

Und dann war da noch die Sache mit dem Grünschleier.

Es handelt sich ganz eindeutig um gefälschte Unteralgen.

Die gerichtlich angeordnete Unterbringung in einem psychiatri-
schen Krankenhaus (§ 63 StGB) stellt selbstverständlich auch

eine Form des Freiheitsentzugs dar. Und weil das so ist, beflügelt es die Gedanken. Die zumindest sind bekanntlich (schon) frei.

Aus der Strafanzeige eines Patienten:

Heute habe ich zwei Prospekte über Sicherheitsschließtechnik erhalten. Diese hatte ich bei der Firma Zeiss Ikon angefordert. Ich interessiere mich sehr für Sicherheitstechnik und dazu gehört ja auch die Schließtechnik. Das gleiche Schließsystem befindet sich hier im Krankenhaus.

Erst sind mir die Prospekte ausgehändigt worden, kurz darauf wurden sie mir vom Sicherheitsbeauftragten abgenommen. Sie würden bis zu meiner Entlassung aus Sicherheitsgründen beschlagnahmt. In der kurzen Zeit, in der ich die Prospekte überflogen habe, stellte ich aber fest, daß die Werbeblätter nicht gefährlich sind. Dort stand nur, wie das System funktioniert und wie sicher es ist. Ein Hersteller schreibt doch nicht in ein Werbeblatt, wie unsicher und fehlerhaft das System ist oder wie man es am besten manipulieren und umgehen kann.

Ich finde es deshalb nicht rechtens, daß man mir die Prospekte vorenthält. Außerdem habe ich so etwas wie eine Informationsfreiheit. Man kann mir nicht einfach Fluchtpläne unterstellen.

Möchte man manchem Anzeigeerstatter empfehlen, er möge das doch lieber seiner Großmutter erzählen, hier war es ohnehin geplant.

Falls ich die Prospekte nicht wiederbekomme, so beantrage ich dennoch die Herausgabe, damit ich sie unter Aufsicht nach Hause senden kann. Meine Oma interessiert sich nämlich auch für Sicherheitstechnik, und zwar für ein neues Schließsystem für ihr Haus.

5. Verkehr

Nach einem Unfall auf der Autobahn ist der Ärger meist schon groß genug, wenn dann auch noch die Polizei mit einem Anhörungsbogen nervt und darin lästige Fragen stellt, tut man die schon mal kurz ab.

Ich Bleihuf Frank bin mir keiner schuldbewußt zwecks diesem Unfall. Ich habe ordnungsgemes Spurfegstel vorgenommen.

Mit ein bißchen mehr Mühe geht's natürlich auch genauer:

Da meine Fahrbahn blockiert war, weichte ich dem Fahrzeug aus und kam dadurch ins schleudern und verlor die Kontrolle für meinen Pkw und rampte die Leitplagge.

Und das

...in follom Tempo.

Manches würde sicherlich in einer Katastrophe enden, hätte nicht jemand seine Hand im Spiel.

Der Verkehrsunfall auf der Autobahn hätte noch schlimmer ausfallen können, wenn wir keine schützende Engelshand dazwischen gehabt hätten, wo wir alle 5 Insassen mit schweren Verletzungen bleibende Schäden davongetragen hätten, oder wir wären in Sekundenschnelle tot aus dem Leben gerissen worden.

Unerfindlich bleibt die Dreistigkeit, mit der einzelne Verkehrsverstöße begangen werden.

Zum Glück herrscht nicht überall Ignoranz.

Meine Mandantin hat dann geschrieen. Ein zufällig vorbeifahrender Lieferwagen hielt an und ist eingeschritten.

Ob Vorwürfe berechtigt sind, kann auch eine Frage des Leumunds sein.

Ich fahre seit 18 Jahren fast durchgehend Motorrad, bin glücklich verheiratet, habe ein Haus, zwei Kinder und bin seit 15 Jahren im öffentlichen Dienst. Wäre ich, wie gesagt wird, von der Kreuzung gekommen, hätte ich geradeaus geschaut und hätte sicherlich gebremst oder wäre ausgewichen und nicht ungebremst in das Auto gefahren.

Was den öffentlichen Dienst angeht, zeigt sich auch die Polizei sensibel.

Im Laufe der verbalen Beschimpfungen wurden PM Tau und Unterzeichner im Beisein weiterer Personen mehrfach als «PENNER» bezeichnet.
  Diese in der Öffentlichkeit getätigten Äußerungen sind solcherart geeignet, das deutsche Beamtentum in der Öffentlichkeit herabzuwürdigen.

Keineswegs schief lag diese Radfahrerin, als sie den Rat befolgte, nach einem Unfall erst einmal Ruhe zu bewahren.

Der Pkw berührte das Rad der jungen Frau, die daraufhin zu Fall kam und auf der linken Seite liegenblieb; ihr Rad lag ca. 3 m wei-

ter. Auffällig für mich war, daß die junge Frau auf der linken Seite liegenblieb und weiterrauchte, als ob nichts geschehen wäre.

Wer aber holt uns wieder runter, wenn das Unfallgeschehen doch zu aufwühlend war, uns der Schreck noch in allen Gliedern sitzt? Nun, dieser Autofahrer, der sein Vehikel unweit von daheim bei einer Baumbegegnung demoliert hatte, war in der glücklichen Lage, da jemanden zu kennen. Seinem ramponierten und verdutzten Beifahrer teilte er mit, er werde jetzt erst einmal nach Hause gehen, allerdings bald wiederkommen.

Ich ging zu meiner Nachbarin, damit sie mir hilft, den Schock ein bißchen abzubauen. Danach bin ich dann zur Unfallstelle zurückgegangen.

Ein neues Auto mag eine gewisse Anziehungskraft ausüben, auch auf die Nachbarin. Wer jedoch von der Noblesse der Karosse auf entsprechendes Verkehrsverhalten beim Besitzer schließt, riskiert, enttäuscht zu werden. Wobei sich diese Nachbarin bemerkenswert nachhaltig vergewisserte, ehe sie sich der Polizei anvertraute.

Der Beschuldigte lud seine Nachbarin zu einer Fahrt in seinem neuen Fahrzeug ein, besuchte anschließend ein Café und wurde danach, nach einem kurzen Spaziergang, zudringlich. Durch ständige Drohungen willigte die Geschädigte schließlich ein, mit dem Beschuldigten den Geschlechtsverkehr durchzuführen. Danach erfolgten weitere Drohungen, so daß in den nächsten Monaten insgesamt 10 bis 20mal der Geschlechtsverkehr durchgeführt wurde. Der Beschuldigte ist nur teilweise geständig.

Spätestens jetzt dürfte sinngemäß das gegolten haben, was ein Anwalt in einem anderen Fall einmal so vorgetragen hat:

Dieses Ereignis zeigt, daß der Beklagte von der Klägerin weder als Mensch noch als Auto respektiert wird.

(Richtigerweise hätte es dort allerdings Autor heißen müssen.)

34

Im folgenden Fall nun fühlte sich jemand von einem Auto nicht respektiert. Eine junge Frau, die sich auf der Terrasse ihres Reihenhauses gesonnt und dann eine Erfrischung geholt hatte, mußte bei ihrer Rückkehr entgeistert feststellen, daß statt ihres Liegestuhls nun ein herrenloser Pkw dort stand.

Dieses Fahrzeug stammte von einem nahen, leicht abschüssigen Parkplatz, von wo aus es sich infolge mangelhafter Sicherung auf den Weg gemacht hatte. Dabei hatte ihm ein Abhang den nötigen Schwung für den Durchbruch beim Jägerzaun, das Durchpflügen eines Rosenbeetes sowie das Eintreffen am bekannten Ort verliehen.

Der Autoversicherer zahlte anstandslos für alle entstandenen Schäden, zeigte sich indes hartleibig beim Schmerzensgeld, das verlangt wurde, weil die junge Frau bei dem Vorfall einen Schock erlitten habe. Zwei Gerichtsinstanzen beschäftigten sich mit dem Fall.

Aufgefordert, doch einmal näher darzulegen, warum hier tatsächlich die Voraussetzungen für einen Schmerzensgeldanspruch vorlägen, schrieb der Rechtsanwalt:

Der Pkw ist in die Intimsphäre der jungen Frau eingedrungen.

Der Pkw war im konkreten Fall jedoch allenfalls in den Vorhof der Intimsphäre, sprich die Privatsphäre, gelangt.

Und dies erlebte eine Autofahrerin auf einem Parkplatz:

Ich befand mich beim Einfahren in eine Parklücke. Ich fuhr im Schritt und wurde auf einen Mann aufmerksam. Ich bemerkte, daß dieser Mann, als ich auf gleicher Höhe mit ihm war, meinen Pkw gestreift hatte. Er mußte einen Schritt zu meinem Pkw getan haben, in deren Folge es zu diesem Steifen gekommen war. Ich hatte mich wegen dem Fußgänger erregt, weil er mich bemerkt haben mußte und es demzufolge zu dem Kontakt gekommen war.

Hoch hinaus – das wollen viele; manche müssen das sogar, wobei die beengten Verhältnisse in einem Pkw gewisse Grenzen setzen.

Die Polizei:

Der Patrick Pusch lügt, wenn er angibt, mit seinem Kopf nur gegen die Frontscheibe gekommen zu sein, als das Fahrzeug in den Graben verunfallte, denn er flog mitsamt der Frontscheibe aus dem Pkw raus, als Bert Brecher den Pkw in den Graben «setzte».

Der Zeuge Knut Knick brachte bei seiner Aussage noch mehr durcheinander, denn seiner Meinung nach flog der Bert Brecher aus dem Pkw raus, was schon technisch nicht geht, denn Herr Brecher ist gegenüber dem Herrn Pusch sehr korpulent (würde hängen bleiben).

Heckscheiben dagegen werden schon mal Opfer strauchelnder Joggerinnen.

Ich binn am 23.02.04. um 9:23 Uhr.
Auf dem Fußweg gelaufen und binn
Ins Stollbern gekommen.
Da bei Flog ich mit der Hand.
Auf das Parkenten Auto und
Zertrümmerte die Heckscheile.

Wer brav angeschnallt ist, wird sein Fahrzeug schwerlich durch die Frontscheibe verlassen. Aber es soll ja Gurtmuffel geben.

Ich fahre nie ohne Gurt. Das ausgerechnet mir anzuhängen, ist die größte Frechheit, die ich jemals gehört habe. Ich bin im Freundeskreis als Gurt-Fetischist bekannt und fahre nicht los, bevor sich jeder anschnallt. Ich kann Ihnen 50 Leute bringen, die das bezeugen können. Das ist so, als würden Sie dem Weihnachtsmann unterstellen, daß er die Ostereier legt. Es ist wahrscheinlicher, daß unser Papst sich für Vielweiberei einsetzt, als daß ich ohne Gurt fahre.

Ich erwarte von Ihnen die sofortige Einstellung des Verfahrens. Außerdem berechne ich Ihnen für die Bearbeitung dieses Schreibens einen Stundensatz von 90,– Euro plus 0,55 Euro Portokosten.

Manch flotter Autofahrer will später nicht wahrhaben, daß er zu schnell gefahren ist. Hier ließ die Wortwahl sogar vermuten, daß sich jemand schlicht verarscht fühlte.

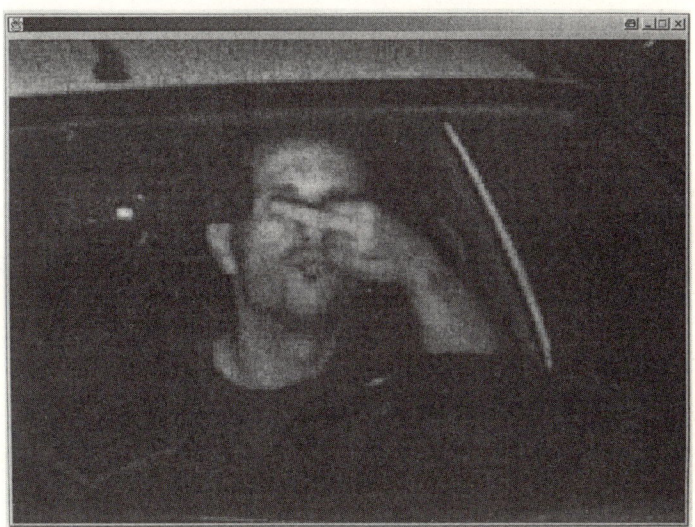

Dieser hier indes hatte den Blitzer gerade noch rechtzeitig entdeckt. Das schnelle Auto war zwar abgemeldet, insoweit war also in gewisser Weise vorgesorgt. Aber da Frontfotos nie automatisch die wünschenswerten Augenbalken aufweisen, galt es, Hand anzulegen und dennoch kunstfertig den «Stinkefinger» zu zeigen.

Häufige Folge eines Verkehrsunfalls ist ein HWS-Schleuder-trauma, eine Verletzung, die, so wird gemunkelt, gern auch mal vorgetäuscht wird, um auf diese Weise Schmerzensgeld zu kassieren. Ein Verdacht, der hier gar nicht erst aufkam.

Wegen der unmenschlichen Schmerzen an der HWS muß ich auch Morphin einnehmen und stehe täglich unter absoluter Lebensgefahr. Aus diesem Grunde ist eine Dauerbehandlung durch den Arzt bis zu meinem Lebensende notwendig, sollte ich nicht vorzeitig versterben.

Wie schrieb doch jemand:

Gesundheitsmäßig bin ich immer noch krank.

Wer dagegen alt wird, auf den wartet vielleicht noch die eine oder andere Überraschung. Als ein 82-jähriger Autofahrer einen 82-jährigen Radfahrer übersah und zu Fall brachte, hielten sich die Verletzungen zum Glück in Grenzen, nicht aber das Erstaunen.

Die Polizei:

Nach erfolgter Unfallaufnahme wurden zwischen den Unfall-beteiligten die Personalien ausgetauscht. Hierbei stellte sich heraus, daß beide Beteiligten im selben Ort geboren waren. Während eines weiteren Gesprächs konnte dann festgestellt werden, daß beide Beteiligten in dieselbe Schulklasse gegangen waren und sich nach Schulabschluß «aus den Augen verloren» hatten! Ohne voneinander zu wissen, zogen beide Beteiligten in den hiesigen Bereich, wohnten über Jahre nahezu im selben Wohn-gebiet und «trafen» sich erst bei dem Verkehrsunfall wieder!

6. Wer den Schaden hat

Haare auf den Zähnen hatte sie schon immer gehabt, seine Ex-Gattin, wenn wohl auch nicht besonders viele, denn für die Annahme einer strafbaren Nachstellung («Stalking») reichte es nicht. Nach Ansicht der Polizei war der Bewuchs einfach zu schütter.

Auch diese nun zusätzlich zum Nachteil ihres Ex-Mannes aufgegebenen Zeitungsannoncen aus dem Monat Juni dürften aber insgesamt das geforderte Tatbestandsmerkmal «beharrlich» noch nicht erfüllen.

Dafür begegnete die Polizei hier einem Mann mit echtem Qualitätsgebiß.

Aus einem Festnahmebericht:

Der Beschuldigte lehnte an der Küchenzeile und war im Begriff, eine Konservendose zu essen.

Wie ist das eigentlich? Wenn man mit einer Anzeige gegen die Ex-Gattin nicht durchgedrungen ist und letztere einen daraufhin als «Loser», zu deutsch Verlierer, bezeichnet hat, sollte man jetzt aus gekränkter Ehre Strafanzeige wegen Beleidigung erstatten? Wohl besser nicht, sonst schmiert einem die Ex in ihrer Beschuldigteneinlassung nur lapidar aufs Brot:

☐	Ich gebe die Tat zu.
☐	Ich gebe die Tat nicht zu.
☒	Ich sage wie folgt aus (ggf. geben Sie bitte ein weiteres Blatt hinzu):

"Du loose» war keine Beleidigung sondern eine Tatsache."

Wer sich auf handfeste Diskussionen einläßt, riskiert schon mal eine dicke Lippe.

Draußen vor der Disco ging die Auseinandersetzung weiter. Durch den Faustschlag auf meinen Mund schwollen die Lippen an und platzten in der Folge mehrfach auf. Meinen Beruf als Physiotherapeut in der Förderschule konnte ich deshalb mehrere Tage nicht ausüben, weil mein Arbeitgeber eine optische Vorbildfunktion erwartet.

Auch die Kirchen scheinen die Zeichen der Zeit erkannt zu haben.

Aus einem Jugendgerichtshilfebericht:

Der Heranwachsende ist kirchlich bei der Sankt-Petrus-Gemeinde engagiert, er singt in einem Chor und hat regelmäßig Karatetraining.

In einem Laden für gebrauchte Handys, wo solche auch angekauft wurden, hieß es in den Formularverträgen:

Auf ordnungsfrei Ware wird hingewiesen!

Damit war aber nicht etwa gemeint, daß hier Geschäfte jenseits der Rechtsordnung stattfinden sollten. Im Gegenteil, der Inhaber legte besonderen Wert darauf, daß ihm keine heiße Ware untergeschoben wurde.

Bei defekter oder gestohlener Wahre tritt Rückgaberecht in Kraft.

Dennoch hatte jeder private Verkäufer dem Ladeninhaber per Vordruck zu versichern:

Mit meiner Unterschrift, die ich auf diesem Kaufvertrag abgegeben habe, bestätige ich das dieser Artikel aus kleiner Straftat stammt.

Im Fall, der bei der Staatsanwaltschaft anlandete, stimmte das sogar.

Weil er das entsprechende Rückgrat hatte, beantragte dieser Strafgefangene die Unterbrechung seiner Haft.

```
ICH MÖCHTTE  EINE  HAFT UNTTER BRECHUNG BEANTRAGEN
BEKRÖNDUNG DEN  ICH HATTE  IN ████████ LETZEN JAHRES
EINEN SPORT UN FFALL ERLITTEN DAR HATTE ICH MEIN WÖRBEL
HATT  SICH  2milimmetter  ferschoben den das hatte mier
ein schirok in ████████ gesaktt den ich bi n
dortt hin geffaren worden der 1 ARTZ HATTE MIER GESAKTT
DAS  ICH OPPER RITT WERDEN MÜSTE DEN ICH BEKOMME  HIER
SCHMMERZ MITTEL DRAMMAL ARBER DIE SCHLAGEN NICHT MER
AN UND  DIE  SCHERZEN  WERDEN IMMER  SCHLIMMER HIER
ICH HALTTE  DAS  NICHTT MER  AUS  ,
DAR  HERR BEANTRAGE  ICH  EINE  HAFTUNTTER  BRECHUNG
DAR MIT ICH DRAUSEN OPPERT WERDEN KANN
INN DER KLINIKUMM ███████ DEN ICH HABE MICH DAR
SCHOHN ER KUNDIKTT DAS  SIND SPITZAR LISTEN
```

Als Lesehilfe mag dienen, daß ein Chirurg gemeint hatte, Spezialisten müßten operieren.

Auch ein Verteidiger hat natürlich Rückgrat, das es zu schonen gilt. Als ein Gericht den Antrag eines Verteidigers zurückwies, dem in U-Haft sitzenden Mandanten die umfangreichen Akten mittels eines Computers in digitalisierter Form zugänglich machen zu dürfen, bekam es in der Beschwerdeschrift vom Anwalt zu hören:

Sehr locker schreibt es sich, es wäre der Verteidigung zuzumuten, die Akten in Papierform mit dem Beschuldigten zu erörtern.
  Möglicherweise ist dem Gericht ja nicht bewußt gewesen, daß die Akten zusammengenommen 19 kg wiegen und der Karton, mit dem die Akten seitens der Staatsanwaltschaft hierher übersandt worden sind, etwa einen Kubikmeter maß. Ich für meinen

Teil kann so etwas nicht tragen. Mein Orthopäde würde mich in der Luft zerreißen, und meine Krankengymnastin würde mich für verrückt erklären.

Nach dem Verursacher-Prinzip wäre ja eigentlich auch ein ganz anderer dran gewesen, die Knochen hinzuhalten, nämlich der Übeltäter selbst. In diesem Urteil wurde es dankenswerterweise einmal ausdrücklich festgestellt.

Der Angeklagte trägt die Kisten des Verfahrens.

Kaum weniger lästig dürfte sein, die Kosten des Verfahrens tragen zu müssen. Besonders wenn man unerwartet mit einer Zivilklage überzogen worden war und dann komplett verloren hat. Da nützte auch kein Protest.

Ich habe kein Landgericht bestellt und komme auch für die Kosten nicht auf.

Und dann war da noch der Appell an die Staatsanwälte, ihre Diktate nicht gleich für mehrere dicke Verfahren auf ein Band zu quetschen.

Geben Sie die Diktate bitte ab, bevor das Aktenvolumen die Tragkraft einer Kanzleidame übersteigt. Die jeweiligen Stapel müssen bei der Bearbeitung mehrfach transportiert und angehoben werden.

Vielleicht übersteigt es ja die Vorstellungskraft des interessierten Laien, wie kompliziert Kostenentscheidungen in Zivilverfahren sein können. Deshalb hier ein (satirefreies) Beispiel, das die Juristen einfach übergehen mögen:

Die Beklagten werden als Gesamtschuldner verurteilt, an den Kläger 2170,82 EUR nebst 4% Zinsen seit dem 16.7. 2007 zu zahlen.

Auf die Widerklage werden der Kläger und die Drittwiderbe-
klagte als Gesamtschuldner verurteilt, an den Beklagten zu 1)
14 450,06 EUR nebst 4% Zinsen seit dem 8. 6. 2007 zu zah-
len.
Im übrigen werden Klage und Widerklage abgewiesen.
Von den Gerichtskosten tragen der Kläger und die Drittwi-
derbeklagte als Gesamtschuldner 40%, die Beklagten zu 1) und
2) als Gesamtschuldner 6%, der Kläger darüber hinaus allein
weitere 7% und der Beklagte zu 1) allein weitere 47%.
Von den außergerichtlichen Kosten des Klägers trägt der Klä-
ger selbst 47%, die Beklagten zu 1) und 2) gesamtschuldnerisch
weitere 6% und der Beklagte zu 1) allein weitere 47%.
Die außergerichtlichen Kosten des Beklagten zu 1) tragen der
Beklagte zu 1) selbst zu 53%, der Kläger und die Drittwiderbe-
klagte als Gesamtschuldner zu weiteren 40% und der Kläger
allein zu weiteren 7%.
Die außergerichtlichen Kosten der Beklagten zu 2) tragen die
Beklagte zu 2) selbst zu 46% und der Kläger zu 54%.
Von den außergerichtlichen Kosten der Drittwiderbeklagten
trägt diese selbst 46% und der Beklagte zu 1) weitere 54%.
Das Urteil ist vorläufig vollstreckbar, für den Kläger gegen
Sicherheitsleistung in Höhe von 5400,00 EUR, für den Beklag-
ten zu 1) gegen Sicherheitsleistung in Höhe von ...

Trotz Rechtschreibreform wird die Höflichkeitsanrede weiterhin großgeschrieben, lassen sich doch nur so in Zweifelsfällen
peinliche Mißverständnisse vermeiden.
Die Staatsanwaltschaft:

Hier sind noch Bekleidungsgegenstände Ihrer Person asserviert.
Sie können die Gegenstände gegen Vorlage dieses Schreibens
abholen. Sollte dies binnen eines Monats nicht geschehen, gehe
ich davon aus, daß Sie auf die Gegenstände verzichten. Ich
werde Sie dann hier entsorgen lassen, ohne daß Sie weitere Nach-
richt erhalten.

Ähnliches drohte im nächsten Fall.

Die Polizei:

Am heutigen Tag wurde ein Gespräch mit der Tochter der Geschädigten geführt. Es sollte die Stahlblechkassette nach erfolgter Auswertung durch das Landeskriminalamt an die Geschädigte übergeben werden.

Hierbei teilte die Tochter mit, daß ihre Mutter bereits vor zwei Monaten im Krankenhaus verstorben sei. Ihre Mutter sei damals ins Krankenhaus gekommen, weil festgestellt worden war, daß deren Gehirn stark unterdurchblutet war, was dann insofern auch kein Wunder gewesen sei, als die Mutter schon damals sehr senil, durcheinander und vergeßlich war.

Die Tochter gab ihr Einverständnis, daß die Betreffende durch die Polizei entsorgt werden kann, da diese ja sowieso nicht mehr brauchbar war, aufgrund des vorherigen Aufbruchs.

Nur mit einer geradezu kannibalischen Rettungsaktion ließ sich diese Auseinandersetzung beenden.

Die Janina schlug unserem Kumpel immer wieder auf die Nase, bis sie blutete. Wir konnten unseren Freund nur so schützen, daß wir das wildgewordene Mädchen von ihm weggezehrt haben.

Zwar Opfer einer Körperverletzung, dafür aber hart im Nehmen und alles andere als ein Weichei, auch das gibt es.

Aus einer Anklage:

… indem der Angeschuldigte dem Zeugen mit der flachen Hand ins Gesicht schlug und anschließend 3–4 Mal mit dem Knie in die Weichteile stieß, so daß der Zeuge eine Nasenprellung, eine blutige Wunde am Mund sowie eine Prellung am linken Oberschenkel davontrug.

Beinhart ging es auch hier zu:

Er holte aus und schlug mir mit der rechten Faust sechs bis sieben Mal auf mein linkes Brustbein.

Und am Ende können sogar die Schmerzen schlagen.

Nicht lange danach hatte ich so starke Schmerzen im Knie, daß sie mir auf den Magen schlugen.

7. Giftfestigkeit

Es geschah am hellichten Tag:

Im Rahmen einer Funkstreife kam uns in Höhe des Autohauses Müller auf seiner Seite ein Mofa-Fahrer mit seinem führerscheinfreien FmH ordnungsgemäß auf dem Geh-Radweg sitzend und fahrend entgegen.

Lachen Sie nicht! Die offenbar pausenreiche Form der Fortbewegung hatte ihren Grund:

Ein durchgeführter Alkoholtest mit dem transportablen Draegergerät ergab einen Wert von 2,57 Promille.

Wer Führerschein und Fahrzeug liebt, der schiebt, so heißt es. Und dennoch.

Aus einem Strafbefehl wegen Trunkenheit im Verkehr:

Mit Ihrem Pkw waren Sie in der Heinrichstraße bei einer Verkehrskontrolle durch Ihren unsicheren Gang aufgefallen. Die Ihnen aus diesem Anlaß entnommene Blutprobe ergab die Blutalkoholkonzentration von 1,89 Promille.

Mal ehrlich, ist er nicht gemein, unser Gesetzgeber? Sagt nein beim Autofahren, wenn es für den zielorientierten Alkoholgenießer noch gar nicht richtig losgegangen ist.

Ich war eigentlich noch nüchtern, nur Autofahren durfte ich nicht mehr.

Und wenn schon Alkohol am Steuer, dann, bitteschön, nur bei den wirklich Trinkfesten. Meinte jedenfalls dieses Gericht.

*Das Geschehen zeigt deutlich, daß der Angeklagte einen außer-
ordentlich labilen Charakter hat und daß es ihm an der Festig-
keit, die dazu gehört, sich nach Alkoholgenuß an das Steuer eines
Kraftfahrzeuges zu setzen, fehlt.*

Weshalb manche in der Abstinenz den Ausweg sehen.

*Alkohol haben wir nicht getrunken, nur das Bier, was wir zuvor
gekauft hatten.*

Ganz nah an der Wirklichkeit war ein Richter, als er einen sturz-
besoffenen Radfahrer wegen

Trunkenheit im Sattel

verurteilte.

Was die Annahme absoluter Fahruntüchtigkeit angeht, billigt
man Radfahrern bekanntlich mehr zu als die für Autofahrer gel-
tenden 1,1 Promille, aber selbst bei leidlich akkurater Fahrt ist
ab 1,6 Promille auch für Radfahrer Schluß mit lustig. Das ist
dann nicht nur eine Straftat (siehe oben), sondern zudem auch
aus anderen Gründen bedenklich. So warnte das Bundesverwal-
tungsgericht (NJW 2008, 2602),

*daß nach dem aktuellen Stand der Alkoholforschung eine Blut-
alkoholkonzentration ab 1,6 Promille auf deutlich normabwei-
chende Trinkgewohnheiten und eine ungewöhnliche Giftfestigkeit hindeutet.*

Weshalb dann übrigens auch die Fahrerlaubnis in Gefahr ist.
Nicht aufgrund von strafrechtlichen Maßregeln, denn die sehen
das nicht vor (ein Fahrrad ist kein Kraftfahrzeug), aber durch
Maßnahmen der Straßenverkehrsbehörde, etwa Anordnung
einer MPU (Medizinisch-Psychologischen Untersuchung), was
nichts anderes ist als der gefürchtete «Idiotentest».

Ich weiß nicht, wie es um Ihre Giftfestigkeit bestellt ist, aber
darauf können Sie Gift nehmen, daß nämlich hierzulande trotz

obergerichtlicher Mahnungen kräftig gebechert und auch unter Alkoholeinfluß gefahren wird. Nicht wenige Autofahrer geraten ja auch prompt in eine Verkehrskontrolle. Wenn jetzt die Scheibe an der Fahrertür herabgleitet und der Polizeibeamte die Papiere verlangt, ist dies ein heikler Moment, wird doch die aus Fahrzeug und Fahrer aufsteigende Luft amtlich eingesogen und gründlich auf Alkohol geprüft. Da hilft oft nur Verschleierungstaktik.

Bei der Fahrzeugkontrolle konnte oder wollte der Beschuldigte Führerschein und Fahrzeugschein zunächst nicht finden, wobei er mehrmals seine Darmwinde hörbar entweichen ließ.

Als trotz der Nebelkerzen das Stichwort «Blutprobe» fiel, eskalierte die Sache. Es kam zu Widerstandshandlungen, sogar Handfesseln mußten angelegt werden. Klar, daß es im Beschuldigten nun wieder mächtig gärte.

Während die Beamten auf den weiteren Streifenwagen zwecks Transports warteten, entließ der am Pkw stehende Beschuldigte gezielt Darmwinde in die Richtung des Unterzeichners, wobei er sich herunterbeugte und lauthals lachte.

Das Lachen verging spätestens, als die an sich schon üppige Anklage auch auf Beleidigung lautete.

Im nächsten Fall konnte ein Fahrer seiner Kontrolle entgehen und nach halsbrecherischer Verfolgungsfahrt schließlich in unwegsamem Gelände mit seinem Beifahrer zu Fuß flüchten. Drei Polizeibeamte nahmen die Spur auf, die sich aus der ermittelten Halteranschrift ergab. Im Anwesen schien zwar niemand anwesend, aber man hatte so eine Vorahnung, was den Boden betraf.

PK Krause, PK Schmidt und ich gingen auf den Boden. Hier wurde zunächst keine Person angetroffen. Da die Vermutung gegeben war, daß Herr Stülpnagel sich auf dem Boden versteckt hielt, verließen PK Krause und ich den Boden. PK Schmidt blieb zurück.

Das war schlau eingefädelt, und für das weitere Geschehen muß man dem Beschuldigten einfach zugute halten, daß er über sein Schweigerecht noch nicht belehrt worden war.

PK Schmidt hörte dann eine geflüsterte Stimme vom oberen Spitzboden: «Die sind vielleicht blöd. Jetzt bleiben wir hier noch 2 Stunden liegen, dann ist die Sache ausgestanden.»

War sie natürlich nicht.

Aber es ist keineswegs so, daß es nicht auch Dankbarkeit unter den Ertappten gäbe.

Ich gebe die Tat zu. Ich befuhr mit meinem Pkw den öffentlichen Verkehrsraum, obwohl ich unter dem Einfluß von alkoholischen Getränken stand. Ich bin mir im klaren darüber, daß mein Verhalten unentschuldbar ist. Um so mehr gilt mein Dank den Beamten, die mich direkt nach Verlassen des Parkplatzes daran gehindert haben, meine Heimfahrt in diesem Zustand anzutreten.

Als einem Landwirt in einem Ermittlungsverfahren wegen Trunkenheit im Verkehr die Fahrerlaubnis vorläufig entzogen worden war, versuchte er bei Gericht durchzudrücken, daß wenigstens Traktor und Mähdrescher davon ausgenommen blieben. Dazu stellte das Gericht nüchtern fest:

Bei Abwägung der objektiven und subjektiven Umstände, die für die Entscheidung eine Rolle spielen, rechtfertigt sich nicht die Annahme, daß der Zweck der vorläufigen Maßnahme durch die Ausnahme nicht gefährdet wird.

Immer wieder wird behauptet, Zoff sei dadurch entstanden, daß jemand «angemacht» worden sei. In Wahrheit nur ein Hörfehler?

Ich war mit mehreren Kumpels auf einer Party bei Alex. Wir haben viel Alkohol getrunken. Ich habe dort geschlafen. Im

Schlaf wurde ich angemalt. Als ich aufwachte und merkte, daß ich angemalt war, wollte ich auch andere, die geschlafen haben, anmalen. Dabei kam es zu Streitigkeiten, in deren Verlauf sich einer sogar ein Bein gebrochen hat. Es mußte mit 8 Schrauben versorgt werden.

Über die bevorzugte Farbe bei diesem ausgelassenen Treiben ist leider nichts bekannt. Eines aber dürfte sicher sein: Alle waren blau.

Das Blaue vom Himmel erzählte ein Betrunkener diesen Polizisten.

Der alkoholisierte Mann stellte sich den Beamten als Sohn von Martin Luther King und zugleich als Cousin von Bob Marley vor.

Und geradezu berauscht von eigener Weitsicht kritisierte ein Anzeigeerstatter die Ermittlungsarbeit der Polizei so:

Man stelle sich vor, auf derartige Weise wäre im Kennedy-Mord ermittelt worden, dann wäre dieser wohl als Verkehrsunfall in die Statistik eingegangen.

Alkohol verändert einen Menschen zuweilen weniger stark, als er glaubt.

Warum mir Handschellen angelegt wurden, weiß ich nicht mehr. Ich habe später erfahren, daß ich den Polizisten gegenüber ausfällig geworden bin. Ich soll Wörter wie «Scheiß-Bullen» und «verfickte Polizei» gesagt haben. Daran kann ich mich nicht erinnern. Ich habe schon gedacht, ich hätte noch viel schlimmere Dinge gesagt, ich kenne mich ja, wenn ich getrunken habe.

Eine freimütige Äußerung, wenn man bedenkt, wie beliebt es doch ist, in der Behauptung alkoholbedingter Ausfallerscheinungen Zuflucht und Halt zu suchen.

Aus einem Strafbefehl:

Zur Tatzeit randalierten Sie in der Gaststätte «Zur roten Nase» auf der Herrentoilette. Dabei rissen Sie den Toilettendeckel ab, rissen einen Seifenspender von der Wand und beschädigten einen Handtuchspender. Ihre Einlassung, Sie hätten lediglich Halt gesucht, nachdem Sie von der Toilette gerutscht seien, konnte Sie nicht entlasten.

Oder die Alkoholisierung wird auf die Tatmittel verlagert.

Der Beschuldigte schlug dem Opfer mit einer angetrunkenen Bierflasche auf die Nase.

Zugegeben, es gibt den Tatbestand des Siegelbruchs und auch den der Pfandkehr. Wenn aber Anzeige wegen

Pfandbruchs

erstattet wird, hört sich das an, als solle sich jemand dafür verantworten, daß er mit einer Kiste Mehrwegflaschen gestürzt sei.

Wir kennen den stillen Trinker, der die Einsamkeit vorzieht, und es gibt jene, die sich lieber in fröhlicher Runde vollaufen lassen. Einen von der zweiten Sorte glaubte hier die Polizei vor sich zu haben.

Nach Belehrung und Vorhalt des Tatbestandes machte Herr Bölkkötter keine Angaben zur Art und Menge der Alkoholiker. Herr Bölkkötter gab lediglich an, mit seinem Bruder Alkohol getrunken zu haben.

Die lichten Momente des polizeilichen Gegenübers abzupassen, kann sich für Vernehmungsbeamte zum wahren Kunststück auswachsen.

Aufgrund des Alkoholisierungsgrades wurde auf eine weitere Befragung des Zeugen verzichtet. Auf meine Frage, wann ich ihn mal nüchtern antreffen könne, bekam ich keine ausreichende Antwort.

Und zum Schluß ein ernstes Wort an meine Kolleginnen und Kollegen. Schwurgerichtprozesse sind schwierig und belastend, keine Frage. Aber deshalb gleich zur Flasche greifen? Die Wahrheitsfindung macht das keineswegs leichter. Es muß doch nicht sein, daß die Presse über uns berichtet:

Nicht zuletzt wegen des Alkoholkonsums konnten Gericht und Staatsanwaltschaft keinen Tötungsvorsatz bei dem Messerstecher feststellen.

8. Geschmacksfragen

In welcher Tonlage wir miteinander kommunizieren, das läßt sich durchaus als Geschmacksfrage einstufen.

Der Mann schnauzte mich an, wir würden eh nur zum Schlagen in dieses Dorf kommen. Da ich mich von dieser Wortwahl angegriffen fühlte, wurde ich lauter und machte dem Mann in Schreiform klar, daß dem nicht so ist.

Zwar deutlich freundlicher im Ton, in der Sache aber dennoch völlig daneben – auch das gibt es natürlich.

Als die Geschädigte die Arbeit in der Spielhalle beenden wollte, erschien der Beschuldigte. In der Spielhalle entblößte er sein erigiertes Geschlechtsteil und bat freundlichst um Befriedigung.

Daß das unmöglich so stehen bleiben konnte, meinte auch die Geschädigte, rief jedoch die Polizei.

Die hat übrigens in einem anderen Fall mal folgendes Fazit gezogen:

Was die Begehung solcher Straftaten anbelangt, ist die Hemmschwellung beim Beschuldigten sehr gering.

Das berühmte Götz-Zitat muß nicht zwangsläufig beleidigenden Charakter haben. Das legte uns hier fein säuberlich ein Anwalt dar.

Ob die Redensart «Du kannst mich mal am Arsch lecken!» wegen ihres auch klassischen Gehalts mehr amüsant ist oder mehr herabsetzend wirkt, ist eine Frage des persönlichen Geschmacks.

Letzteres gilt auch für die Art, wie man Entschuldigungsschreiben abfaßt.

Hiermit entschuldige ich mich bei Ihnen aufdringlich dafür, daß ich Sie am Bahnhof beleidigt und vor anderen Fahrgästen als «Wichser» bezeichnet habe.

In amtlichen Schreiben mag es bei der Anrede noch Nischen für Geschmacksfragen geben, etwa ob man den Begriff «Fräulein» heute noch verwenden oder eben doch generell die Anrede «Frau» bevorzugen sollte. Völlig indiskutabel indes war diese Anrede in einer Anhörung zu einer Verkehrsordnungswidrigkeit:

Sehr geehrte Frau Gaststätte mit Pilsstube

(Geschuldet wohl dem Umstand, daß es sich um einen Geschäftswagen handelte.)

Während in den Eingaben an Polizei und Justiz bei den Grußformeln zuweilen echte Kreativität aufscheint, etwa wenn es heißt:

Mit verbindlicher Begrüßung

oder

Mit kriminalistischem Gruß,

so übertreibt es umgekehrt die Justiz bei all jenen, die es kurz und knapp mögen.

Ich lege keinen Wert auf Ihre Formulierungen «Sehr geehrter Herr» und «Mit freundlichen Grüßen»!

Übertrieben wirkt natürlich auch, wenn ein Schreiben statt mit kollegialer

Mit kolossaler Hochachtung

endet.

Und des Guten zuviel geschah wohl auch hier.

Die Polizei:

Dem Beschuldigten wurde der Tatvorwurf erläutert. Daraufhin erfolgte eine entsprechende Beehrung.

Manche Redewendungen harren noch der Überarbeitung durch unsere Gleichstellungsbeauftragten.

Eine Zeugin:

Es war nicht mein eigener Schlüssel, den ich der Nachtwache übergeben habe. Wenn ich meinen herausgegeben hätte, hätte ich es gemerkt, weil ich das Schlüsselbund immer am Mann trage.

Alles richtig gemacht hatte dagegen die Polizei, als sie den Beruf einer Beschuldigten so erfaßte:

erlernter Beruf **Tagesmutter/vater**	Bei Bundeswehrange- hörigen: Berufssoldat, Soldat auf Zeit, Wehr-
Stellung im Beruf zur Zeit der Tat	pflichtigen, z.Z. nicht einberufener Wehr- pflichtiger, Dienstgrad.

Denn die Kundschaft wünscht es offenbar tatsächlich so flexibel. Aus einer Beschuldigtenvernehmung:

Seit etwa 8 Monaten sind Frau Brüzül und ich intim befreundet. Ihre 3-jährige Tochter ist wie ein Sohn für mich.

Und am Telefon hieß es zur Verfügbarkeit eines bestimmten Beamten:

Tut mir leid, der Kollege ist in Mutterschutz – äh, nein, Vaterschutz!

Gemeint war Elternzeit.

Es gibt übrigens vielfältige Bemühungen, eine Gleichstellung von Frau und Mann in der Rechtssprache zu erreichen, Normen und Vorschriften, wie es heißt, geschlechtergerecht zu formulieren. Indem man etwa Paarformeln vermeidet und statt von «Studentinnen und Studenten» von «Studierenden» spricht. Dieses Ringen um Korrektheit, auch in Reden, wirkt manchmal reichlich bemüht, besonders dann, wenn unablässig Paarformeln verwendet werden, was gerade Frauen mit ausgewiesener Emanzipation nicht selten mit Kopfschütteln quittieren. Und eine, die zudem mit Humor gesegnet war, verwies in solchen Fällen gern auf ein Beispiel, bei dem die maskuline Version selbst einer rein femininen schlicht vorzuziehen sei, und zwar beim Titel des Fernseh-Klassikers «Vorsicht Falle! – Nepper, Schlepper, Bauernfänger» (eine Serie, in der Eduard Zimmermann, Erfinder von «Aktenzeichen XY … ungelöst», vor Ganoven und Trickbetrügern warnte). Weibliche Version:

Vorsicht Falle! – Nepperinnen, Schlepperinnen, Bäuerinnenfängerinnen

In Medizinerkreisen spricht man gelegentlich vom «Patientengut» oder «vom Blinddarm auf Zimmer 4 neben der neuen Gallenblase». Zur Versachlichung im Gesundheitswesen hat sicherlich auch diese Korrespondenz beigetragen:

Sehr geehrter Herr Kollege,
  besten Dank für die freundliche Überweisung, die sich am 6. März in meiner Praxis vorstellte.

Es sind die langen Wartezeiten, die manchem Patienten das Leben schwer, wenn nicht gar unmöglich machen.
  Die Rechtsmedizin:

Da die richtige Diagnose erst im Rahmen der Obduktion aufgedeckt werden konnte, war für den Patienten wertvolle Zeit verstrichen.

Im Konfliktfall aber sind vor dem Gesetz alle gleich; niemand wird erhöht.

> Es ist eine Unerhöhung das Ärzte Immer Recht Bekamen

Eines müssen wir uns zudem stets klar machen: Ohne Ärzte kämen wir nicht weit, und gerade von fachchirurgischen Spezialeingriffen sollte jeder Laie die Finger lassen.

Anwaltlicher Vortrag:

Der Anzeigeerstatter versucht, durch seine Strafanzeige die tatsächlichen Verhältnisse zu verdrehen und sich selbst zum Opfer zu sterilisieren.

Profitgier in der Gastronomie, auch das läuft meist auf eine Geschmacksfrage hinaus.

Bereits kurze Zeit nach der Übernahme des Lokals durch den Ali wurde angefangen, Schweinefleisch als Kalbfleisch zu verkaufen.

Zwischen Ali und dem Koch wurde über die hohen Kosten für das Kalbfleisch gesprochen. Der Koch erklärte, daß das Fleisch nach der Zubereitung gleich aussehen würde und es die Kunden nicht merken.

Daß es mächtig Wirbel geben würde, falls das doch mal rauskäme, hatte man aber irgendwie schon geahnt.

In dem Lokal wurde auch regelmäßig «Vitello Tornado» angeboten. Übersetzt heißt das «kleines Kalb» und wird mit Kalbfleisch zubereitet. Hierbei handelt es sich um eine Vorspeise. Das «Vitello Tornado» wurde im Lokal aber auch immer nur mit Schweinefleisch zubereitet.

(Wer's nicht kennt: Vitello tonnato ist ein an sich leckeres Antipasto der italienischen Küche und besteht aus Kalbfleisch mit Thunfischsauce.)

Wie genau sich ausgediente Asservate in Wohlgefallen auflösen, bleibt manchmal ein süßes Geheimnis. Die Polizei:

Das Ergebnis der Spurensuche wurde Staatsanwältin Schrot telefonisch vorgetragen. Sie entschied, daß der Schokoriegel vernichtet werden kann.

Der Schokoriegel wurde sodann durch mich, im Beisein von Polizeikommissarin Neidhardt, vernichtet.

Besonders treue Asservate wird man hingegen nicht so schnell los.

Das Messer bleibt dem Vorgang anhänglich und kann ggf. erst später bei der Vernehmung des Beschuldigten ausgehändigt werden.

Wer als Kaufmann blank ist und trotz eidesstattlicher Versicherung weiter fleißig Wein bestellt, darf sich über eine Betrugsanzeige des Winzers nicht wundern, zumal bei einem so edlen Tropfen.

Wenn diese Firma also Wein bestellt, so benötigt sie denselben, um sich damit über Wasser zu halten.

Als ein Schmuckhändler pleite gegangen war, wurde er von einem Lieferanten angezeigt, weil Kommissionsware im Wert von mehreren tausend Euro unbezahlt geblieben war. Das Ergebnis der polizeilichen Ermittlungen dürfte jedoch nicht nur den Anzeigeerstatter, sondern gleich sämtliche Gläubiger wieder hoffnungsfroh gestimmt haben.

Der Beschuldigte teilte telefonisch mit, er habe die Firma aufgelöst, nachdem er mit ca. 100 000 Euro in Zahlungsverzug geraten sei. Er versprach, den restlichen, noch in seinem Besitz befindlichen Schmuck an den Anzeigeerstatter zurückzusenden. Im übrigen würde er zur Zeit als Drehorgelspieler einer geregelten Arbeit nachgehen, um seine Schulden zu tilgen.

Wie intensiv wir Dinge wahrnehmen, auch das kann vom persönlichen Geschmack beeinflußt sein. Die Polizei:

Der Zeuge schilderte die beiden Personen so: Der Mann sei ca. 35–40 Jahre alt gewesen, schlank und habe schwarze Haare gehabt. Er wisse nicht, ob er den Mann auf einem Lichtbild wiedererkennen würde.

In Begleitung des Mannes sei eine Frau gewesen, ca. gleiches Alter wie der Mann. Die Frau habe blond gefärbte Haare gehabt, eine normale Figur, eventuell zwei bis drei Kilo zuviel. Auffallend sei ein weit ausgeschnittenes Dekolleté gewesen.

9. Beziehungsweise

Wer als Verteidiger einen Beschuldigten aus der U-Haft loseisen will und dazu den Haftgrund der Fluchtgefahr zu zerstreuen hat, wird umfassend zu den sozialen Bindungen des Mandanten vortragen, insbesondere also zur familiären Situation, ruhig aber auch dazu, mit wem der Mandant sonst noch so verkehrt.

Mein Mandant hat feste soziale Bindungen. Er hat vor seiner Inhaftierung einen festen Wohnsitz gehabt. Er ist verheiratet. Für den Fall der Haftentlassung kann der Mandant in die eheliche Wohnung sofort einziehen. Die Ehe ist in Ordnung.

   Die außereheliche Freundin des Mandanten wird in den nächsten Tagen ein von ihm gezeugtes Kind gebären. Auch der dortige soziale Kontakt ist nach wie vor gut.

Es sind nicht die schlechtesten Ehen, die eine gewisse Großzügigkeit auszeichnet. Der von interessierter dritter Seite dann gern gestellten Frage, ob man das vielleicht auch mal schriftlich sehen könne, wurde hier in vorbildlicher Weise Rechnung getragen.

```
Hiermit erlaube ich meiner Frau ████████
Geschlechtsverker mit einen anderen Mann
zuhaben, weil ich sie aus Gesundheitlichen
Gründen (Diabetiker) nicht mehr ausreichend
befriedigen kann. Die Häufigkeit des Verkers
richtet sich nach dem Bedarf meiner Frau.
```

Uns steht kein Urteil darüber zu, wie andere ihre Beziehung gestalten.

Der Geschädigte konnte die Personalien seiner Freundin nicht angeben, da er diese erst kurz (3 Wochen) kenne. Er sagte zu, die Personalien nachzureichen.

Und in der Tat mag oft genügen, lediglich bestimmte Partnerbereiche genauer zu kennen. Eine Zeugin:

Zur grundsätzlichen Beziehung zum Beschuldigten kann ich sagen, daß ich mit ihm häufiger ins Bett gegangen bin. Andere Berührungspunkte hat es praktisch gar nicht gegeben. Über seinen Kokainkonsum bzw. -handel kann ich keine Angaben machen.

Wie aufgetragene Kleidung, so wechseln offenbar manche Leute ihre Partner. Die Polizei:

Der Jörg Langhammer ist der neue Freund der Wendy Wimper. Somit dürfte es sich bei dem Sven Spindel um den abgelegten Freund handeln.

Aber immer noch besser ein abgelegter als ein darmartiger Freund – oder was immer Sie hier an Stelle von «damaliger» entziffern mögen:

> ☒ Ich möchte nicht aussagen, weil
> *Da der Beschuldigte mein Darmartiger Freund war.*

Handgreiflichkeiten in Beziehungen sind leider keine Seltenheit.

Ich sagte ihr, sie solle mich in Ruhe lassen und endlich verschwinden. Trotzdem ließ sie nicht von mir ab und griff mir ständig ins Revier. Irgendwann reichte es mir, und ich gab ihr einen Stoß. Da fiel sie nach hinten und saß auf dem Po.

Der wildernde Handgriff fand allerdings über der Gürtellinie statt, war doch das Jackenrevers gemeint.

Manche Handgreiflichkeiten gehen indes wundersam glimpflich ab. Die Polizei:

Auf die Einleitung eines Ermittlungsverfahrens gegen die Frau wegen Körperverletzung wurde verzichtet. Herr Müller hatte durch das leichte, streichelhafte Ohrfeigen keine Schmerzen erlitten.

Anders jedoch hier:

Der Geschädigte erlitt eine Gehirnerschütterung an der Nase.

Vielleicht auch alles eine Frage des persönlichen Temperaments und der jeweiligen Rechtskultur. Eine Frau aus Südamerika, die ihren deutschen Ehemann mit einem Kinderstuhl beworfen und mit einem Kerzenständer im Gesicht verletzt hatte, verwies auf die Vorzüge ihres Heimatlandes.

Ich weiß, daß das nicht in Ordnung ist. Ich weiß, daß das in Deutschland nicht so geht. In Brasilien ist das anders.

In Brasilien ist übrigens manches anders, beispielsweise auch die Knast-Bedingungen, wie ich hier kurz einschieben will. Dort nun wiederum möchte man als Deutscher nicht hineingeraten.

Die in brasilianischer Auslieferungshaft verbrachte Zeit ist mit einem Umrechnungsfaktor von 2,5 anzurechnen, wenn der Beschuldigte in einer für sechs Personen ausgelegten Zelle mit 9 qm freier Fläche zusammen mit 14 bis 17 Mitinsassen untergebracht wurde, als Toilette ein Loch im Boden diente, die Zelle fensterlos und ohne Frischluft war, die Temperatur zeitweise bei

40 Grad Celsius lag und das verabreichte Essen unzureichend und teilweise verdorben war.

(LG München II, StV 2001,19)

Womöglich fragen sich gerade die Leserinnen unter Ihnen: Warum bringt der eigentlich nur Geschichten mit Frauen in der Täterrolle? Sie haben recht. Zwar ist das weibliche Geschlecht, was aggressive Handlungen angeht, eindeutig auf dem Vormarsch begriffen (emanzipiert sich eben auch insoweit, wie manche sagen), die bei weitem Schlimmsten sind aber nach wie vor die Männer. Zuversichtlich mag nur stimmen, daß immerhin grobe Grenzüberschreitungen im Einzelfall schon mal korrigiert werden.

Die Polizei:

Der Beschuldigte soll seine Ehefrau auf dem Dachboden aufgehängt, die Leiter weggezogen und sie dann wieder abgehängt haben. Weiterhin erfolgten Körperverletzungen.

Das Aussageverhalten solcher Männer ist dann oft aufbrausend und unter aller Kanone.

Bei der Eröffnung des Sachverhalts sprang der Beschuldigte kollerisch auf und sagte: «Sie können dem Staatsanwalt ausrichten, ich habe mit der Sache abgeschlossen. Er soll die Alte psychiatrisch untersuchen lassen. Ich habe die Schnauze voll. Ich gehe jetzt.»

Geraten sich übrigens Frauen in die Haare, zudem noch drei Stück an der Zahl und das in einem Auto, sieht jeder Fahrer rot, nur nicht mehr das der Ampel. Eine Argumentation, von der weder das Amtsgericht noch im Rechtsbeschwerdeverfahren die Generalstaatsanwaltschaft etwas hielten. Geldbuße und Fahrverbot müßten sein, so meinten sie.

Da konnte der Verteidiger nur die Augen verdrehen. Nein, diese unsere Justiz, sie hat einfach keine Ahnung vom wirklichen Leben.

Hätte das Amtsgericht den oben erwähnten Streit zwischen den 3 Damen und dessen Plötzlichkeit und Umfang aufgeklärt, hätte die Generalstaatsanwaltschaft sich auch nicht dahingehend irren können, daß ein Streit unter Erwachsenen den Betroffenen vermeintlich nicht derart hätte ablenken können. Die Generalstaatsanwaltschaft ist sich offenbar nicht im Klaren darüber, welche Auswirkungen ein Streit zwischen 3 Frauen haben kann.

Und unfaßbar auch, wie rabiat sich eine Frau gebärden kann, wenn ein Anlageberater einen Hausbesuch abstattet.

Herr Rautenschleim suchte den Kläger zu Hause auf und überprüfte dessen Kapitalanlagen. Hierbei stachen Herrn Rautenschleim insbesondere die Lebensversicherung des Klägers und dessen Ehefrau ins Auge.

Es prüfe, wer sich ewig bindet … ob sich nicht ein Ehevertrag findet. Für eine entsprechende Beratung begibt man sich gewöhnlich in die Kanzlei eines Notars. Im «Finanzplaner» eines «Hochzeitsratgebers» wurde allerdings der Eindruck erweckt, jeder Notar sei gewillt, die Hochzeiter auch seinerseits aufzusuchen, um ihnen, etwa in einem Sonnenstudio, mit Rat und Tat zur Seite zu sitzen, während das Paar das Aussehen von Grillhähnchen anstrebt.

Ausgaben für:

…
  - *Frisör*
  - *Sonnenbank*
  - *Notarielle Bratungsgebühr*
  - *Standesamtgebühren*
…

Zu intensive eheliche Bratvorgänge können übrigens die Polizei auf den Plan rufen. Aus einem Lagebericht:

Verursacherin wollte ihrem Mann das Essen mit starken Röstaromen (angebranntem Schnitzel) anbieten. Aufgrund der damit

verbundenen starken Rauchentwicklung löste der bei der Leit-
stelle der Feuerwehr angeschlossene Brandmelder aus.

Vor hundert Jahren wäre es absolut unschicklich gewesen, schon vor der Hochzeit laut über mögliche Scheidung und deren Folgen nachzudenken. Da ermutigte man Verlobte vielmehr, der Zukunft wacker ins Auge zu blicken und innerlich schon mal Kraft zu sammeln.

Glaube nicht, daß deine Braut auch als Frau immer schön und jung bleibt. Betrachte ihre Mutter und bedenke, daß deine Frau vielleicht noch häßlicher werden kann.

(aus: J. von Eltz, Das goldene Anstandsbuch, 7. Auflage, 1902)

« ... bis daß der Tod euch scheidet.» Von dieser häufig illusorisch bleibenden Vorgabe haben sich Scheidungsanwälte schon von Berufs wegen gründlich verabschiedet. Nur vereinzelt finden wir noch Romantiker unter ihnen.

Meine Mandantin, Frau Bleibtreu, ist vorläufig mit dem Ruhen des Scheidungsverfahrens einverstanden. Herr Bleibtreu hat offensichtlich Interesse daran, daß die ewige Lebensgemeinschaft wieder aufgenommen wird.

Auch Gerichte denken zuweilen in großen Intervallen, was hier der Rentenversicherung auffiel:

In den Urteilsgründen ist uns eine Unstimmigkeit bezüglich des Beginns der Ehezeit aufgefallen. Der Ehezeitbeginn ist der 1. 5. 1998 und nicht der 1. 5. 1198.

Was natürlich unbedingt klarzustellen war.

Abgesehen von singulären Romantikern betrachten Scheidungsanwälte die Entwicklung der Dinge also im allgemeinen nüchtern und sachlich-formal.

Es hat sich um eine ganz normale Liebesheirat gehandelt. Wie in vielen anderen Ehen auch, kam es schließlich zu Problemen, die nicht zuletzt daher rührten, daß es mein Mandant vorgezogen hat, unter der Woche seine Freizeit mit Freunden zu verbringen.

Die Ehe wurde jedoch «ordnungsgemäß» jeweils am Wochenende vollzogen.

Wobei es so einer Ehefrau natürlich irgendwann reicht. Die Polizei:

Gegen 21.30 Uhr teilte Herr Bertold Bagger telefonisch mit, daß er mit seiner Frau einen Disput gehabt hätte, und nun sei sie verschwunden. Alle Türen seien verschlossen, und im Haus könne er sie nicht finden. Er vermute, daß sie sich etwas angetan haben könnte. Streifenwagen P 5/3 wurde mit der Überprüfung der Angelegenheit beauftragt.

Bericht der Beamten vor Ort:

Bei unserem Eintreffen öffnete uns Herr Bagger. Er sagte, daß er mit seiner Ehefrau den Geschlechtsverkehr habe ausüben wollen, sie sich ihm aber verweigert habe. Daraufhin sei es zu einer tätlichen Auseinandersetzung gekommen. Dann sei seine Frau verschwunden gewesen.

Sie konnte von uns unter dem Ehebett entdeckt und aus ihrer mißlichen Lage befreit werden.

Dabei könnte manches so schön sein, wenn es nicht so gräßlich wäre. Eine Zeugin:

Im Februar lernte ich Herrn Stumpf kennen. Er reparierte auf meinen Wunsch hin einen Schrank in meiner Wohnung. Daraus entwickelte sich eine Liebesbeziehung, die schönste meines Lebens. Wenn Herr Stumpf hier erzählt, daß er mich nur einmal in der Stadt geschlagen hat, dann lügt er. Er schlug mich immer aus heiterem Himmel. Dabei nannte er mich dann Fotze, Hure und Schlampe.

Es ist richtig, daß wir Ende Juli zusammen an die Ostsee fuhren. Ich fuhr freiwillig mit ihm dorthin. Es war wunderschön, obwohl er mich auch hier als Fotze und Nutte beschimpfte.
Ich habe mich erst am 14. August von ihm trennen können.

In einem Scheidungsverfahren schilderte ein Anwalt die Widrigkeiten, mit denen schon die junge Ehe zu kämpfen hatte, damals noch dadurch begründet, daß beide Partner an weit voneinander entfernten Orten beruflich gebunden waren.

Der Antragsteller hatte dann noch ca. ein Jahr lang als Lehrer in Augsburg gearbeitet. Andererseits wollte man natürlich auch die Ehe vollziehen. Im übrigen war auch ein latenter Kinderwunsch vorhanden gewesen. Infolgedessen hätte man die Ehe sowieso entsprechend aufteilen müssen, das heißt, ein Part übernimmt den Haushalt und ein Part übernimmt den Verdienst.

Wenn man sich Kinder wünscht, wird man an einer Vollziehung der Ehe wohl ohnehin kaum vorbeikommen.

Läßt sich über einen Ehemann erst einmal sagen:

Er unternimmt häufig Touren, die mit Frauen und Alkohol verbunden sind.

… und erweisen sich Beteuerungen der Besserung stets als Lippenbekenntnisse:

Anschließend setzte er seinen fortgesetzten Lebenswandel im schon gewohnten Rahmen einfach fort.

… so ist es bis zu Trennung und Scheidung meist nicht weit.

Findet ein Mann nach einer Trennung zunächst bei seinen Eltern Unterschlupf, so ist das eine Situation, an die sich alle erst gewöhnen müssen. Auch sein Anwalt, der hier bemüht war, Besuchskontakte mit den Kindern zu erreichen.

Die Familie des Kindesvaters, bestehend aus der Mutter des Kindesvaters, deren Ehemann und der Schwester des Kindesvaters im Alter von 14 Jahren, besteht aus 4 Zimmern und ist ca. 100 qm groß.

Nach einer Scheidung sollte das Umgangsrecht mit Kindern selbstverständlich ausgeschöpft, gegebenenfalls auch ausgeweitet, keinesfalls aber das werden, was ein Anwalt vortrug, nämlich

ausgeweidet.

Es gibt aber auch Männer, die sich ihres Nachwuchses überhaupt erstmals wieder in der Langeweile der Untersuchungshaft erinnern.

Liebe Frau Raueisen,
    da Sie die Mutter von die Kinder sind, die von mir sind, so möchte ich mal wissen, wie es die Kinder geht.

Und dann ist da noch die Sache mit dem Unterhalt. Wer etwas sachkundig ist, kann so etwas selbst ausrechnen. Auf Nummer sicher geht indes, wer seinen Anwalt einschaltet und ihm die dazu erforderlichen Unterlagen vorlegt.

Prüfen Sie hierzu bitte meine nach den Vorgaben der Düsseldorfer Tabelle errechneten Unterhaltsbeiträge für meine fünf Kinder, die als Anlage dem Brief beiliegen.

Und wer könnte einem Gericht die Feinheiten der Unterhaltsberechnung wohl besser erklären als ein Anwalt.

Die Gewinnermittlungen schaffen ja bekanntlich nur die Grundlage für das zu versteuernde Einkommen, und das zu versteuernde Einkommen unterscheidet sich vom unterhaltsrelevanten Einkommen, wie man nicht müde werden sollte zu betonen, etwa wie Uran von Urin.

10. Von der Wiege ...

Moses wurde einst als Säugling in einer schwimmenden Wiege entdeckt und aus dem Nil gezogen. Ähnliches widerfuhr offenbar auch diesem Beschuldigten. Sein Verteidiger:

Mein Mandant wurde unter dem 25. 5. 1982 in Frankfurt am Main geborgen.

Frühkindliche Förderung und Bildung – das sind aktuelle Schlagworte. Und es tut sich durchaus etwas.
    Aus einem Lebenslauf:

Nach meiner Geburt absolvierte ich die Schulzeit in Hamburg und legte das Abitur ab.

Und ein Angeklagter über eine ebenfalls frühreife Verstandesleistung:

Ich heiße Marco Meier. So bin ich auch bei der Geburt genannt worden.

Über die Befragung kindlicher Zeugen oder Übeltäter fertigt die Polizei regelmäßig einen ergänzenden Verhaltensvermerk an, der manchmal interessante Einblicke in das jeweilige Ausdrucksvermögen bietet.

Der Kevin verwandt einen seines Alters entsprechenden Wortschatz.

Hier also war einmal der Genitiv dem Dativ sein Tod.

Wie der Wortschatz der Jugend beschaffen ist und welche Ausdrücke so angesagt sind, das interessiert die Polizei schon.

Und so fand sich im Jahresbericht einer Polizeiinspektion zur Jugendkriminalität auch eine Passage zum Jugend-Slang (damit man, wie es hieß, auch weiterhin «up to date» bleibe). Ein Auszug:

– aufbitchen	*schminken, zurechtmachen*
– dissen	*sich abfällig über jmd. äußern*
– Faker	*Simulant*
– Lungenbrötchen	*Zigarette*
– Moppelkotze	*etwas Ekelerregendes*
– Nullchecker	*dumme oder untalentierte Person*
– peilen	*verstehen*
– reinstressen	*Hektik verbreiten*
– Rennleitung	*Polizei*
– Rentner-Bravo	*Apotheken-Rundschau*
– Waldapotheker	*Drogendealer*
– Zickenalarm	*viele launische, eigensinnige Mädchen*

Solange sie nicht 14 Jahre alt und damit noch strafunmündig sind, droht den Kids keine strafrechtliche Sanktion. Meistens zeigen sie sich deshalb geständig, wenn sie etwas ausgefressen haben. Anwesende Erziehungsberechtigte unterstützen in der Regel die Wahrheitsfindung – oder torpedieren sie im Einzelfall aus erzieherischen Gründen.

Der Vernehmungsbeamte:

Daniel bestreitet den Diebstahl. Seine Mutter machte hier auf mich einen resoluten Eindruck. Originalaussage: «Wenn der Daniel so etwas macht, kriegt er den Arsch voll.» Daniel stimmte dieser Aussage mit kräftigem Kopfnicken zu.

Es ist zu vermuten, daß er vor dieser erzieherischen Maßnahme mehr Respekt hat als vor einer polizeilichen Befragung und es somit vorzieht, hier nicht die Wahrheit zu sagen.

Einen Verhaltensvermerk der besonderen Art verfaßte übrigens dieser Zeuge:

So, wie es mein Kollege schon beschrieben hat, hat sich der Sach-
verhalt auch verhalten.

Es folgen die nicht immer problemfreien Jahre der Jugend und
Pubertät. Da mag man dann auch mal mit dem Gesetz in Konflikt geraten, nicht selten sogar angestachelt durch Mitschüler,
die die erfolgreiche Begehung eines Ladendiebstahls als bestan-
dene Mutprobe deklarieren.

Diese Erkenntnis dürfte Pate gestanden haben, als in einem
polizeilichen Formular die Passage zu einem möglichen Einräu-
men der Tat so geriet:

1.2	Bei den Beschuldigten handelt es sich um	einen Jugendlichen.
[X] Seine	Täterschaft ist zweifelsfrei bewiesen.	
[X] Er	hat die Tat bestanden.	

Es ist aber keineswegs so, daß geständige Angaben bei der Polizei die Regel wären.

Der Jugendliche sollte jetzt zur Sache vernommen werden. Er
schaute mich aber nur abfällig und «von oben herab» an und
sagte wörtlich: «Hey, Alter, ich hab kein Bock, mir dir darüber
zu reden!»
Die Vernehmung wurde abgebrochen und der Beschuldigte
umgehend des Zimmers und der Dienststelle verwiesen. Er hat
m. E. die Gelegenheit des rechtlichen Gehörs erhalten und will
offensichtlich keine Aussage machen.

Wenn wenigstens der Sinn fürs Praktische nicht verloren geht.
Als die Jugendgerichtshilfe mit einem Jugendlichen besprach, wo
er die 30 Stunden gemeinnützige Arbeit ableisten könne, die ihm
das Jugendgericht aufgebrummt hatte, meinte er, am besten zu
Hause. Bei seiner Mutter stapelten sich nämlich Unmengen

beruflicher Unterlagen, bestimmt mehrere tausend Blatt, die alle mal geordnet werden müßten. Das könne er doch machen, denn:

Für mich wäre das gemein und für meine Mutter nützlich.

Die Ableistung in heimischer Atmosphäre hätte zudem den Vorteil, nicht in die rauhen Winde des Lebens hinaus zu müssen.

Es ist richtig: Von den mir aufgegebenen Arbeitsstunden absolvierte ich in der Stiftung nur drei Stunden, denn der dort plötzlich vorherrschende militärisch-zackige Ton verhinderte weitere Stunden.

Nützlich ist natürlich auch eine Mutter, die sich kümmert, wenn das Kind in den Brunnen gefallen ist.

Ich bin eine liebende Mutter und bitte Sie, die Anklage einzustellen.

Und welche Justiz könnte sich solchem Ansinnen wohl verschließen, wenn der Nachwuchs geradezu abfärbende Fortschritte macht?

Wir stellen fest, daß unser Sohn sich sehr zum Positiven geändert hat, auch sein Lehrer.

Steht für den Filius eine Vernehmung bei der Justiz an, ist in der Familie keinem wohl dabei.

Entschuldigung
Sehr geehrter Herr Lehrer,
es tut uns leid, daß unser Sohn zu dieser Staatsanwältin muß um 11 Uhr.
Mit fründliche Grüße

Niemand entbehrt sein Kind gern, schon gar nicht über längere Zeiträume, wie es hier – krankheitsbedingt – der Fall war.

Bis zur Einschulung wurde mein Sohn jedes Jahr 60 Wochen abrupt aus dem häuslichen Bereich herausgerissen und mußte jeweils wieder integriert werden.

So ist Müttern dringend anzuraten, mit den Ansteckungsgefahren in den Kindertagesstätten nicht zu leichtfertig umzugehen.

[X] Ich sage wie folgt aus (ggf. geben Sie bitte ein weiteres Blatt hinzu):

Ich ████████████, war gerade auf dem Weg meine Tochter in die Grippe zu bringen.

Und natürlich tut jeder friedliebenden Mutter weh, wenn sie tatenlos mit ansehen muß, wie ihr Kind traktiert wird.

Ich bin mit dem Fahrrad durch den Park gefahren. Da habe ich gesehen, wie der Mann meinen Sohn geschubst hat. Wenn ich nicht an meinem Fuß verletzt gewesen wäre, hätte ich mehr in die Pedale getreten. Dann hätte ich den in die Eier getreten. Wir sind doch nicht bei die Schlägers.

Dabei darf gerade die Abkehr vom Zahn-um-Zahn-Prinzip als wesentlicher kultureller Fortschritt gewertet werden.

Es war gegen 2.30 Uhr, als zwei mir unbekannte junge Männer vor mir standen und einer mir Bier auf die Kleidung spuckte. Ich verbat mir das und spuckte zurück.

Ob die Verhängung von Arrestmaßnahmen nach Jugendrecht sinnvoll ist, wird durchaus kontrovers diskutiert. Hier jedoch lesen wir in einem Erhebungsbogen, der am letzten Tag eines verbüßten Dauerarrestes auszufüllen war, auf die Frage: Wie verbringen Sie Ihre Freizeit?

Mit Freunden auch mal Scheiße machen. Aber JETZT nicht mehr, muß ich sagen.

Für Taten bis zum 18. Lebensjahr gilt uneingeschränkt das Jugendstrafrecht. Bei Heranwachsenden, also bis zum 21. Lebensjahr, ist das nur dann der Fall, wenn sie in ihrer Entwicklung noch einem Jugendlichen gleichzustellen sind.

Aus dem Urteil über eine Zwanzigjährige:

Es war Erwachsenenrecht anzuwenden, da bei der Angeklagten keinerlei Reifeverzögerungen vorliegen. Wer die Angeklagte in der mündlichen Verhandlung erlebt hat, wird keinen Gedanken daran verschwenden, daß sie ihre Interessen nicht vertreten kann, daß sie weiß, was sie tut, und daß sie mit beiden Beinen im Leben steht. Daß sie zur Konfliktlösung lieber Körperverletzungen statt Gespräche wählt, ist kein Grund, Jugendrecht anzuwenden, da dies auch auf viele Erwachsene zutrifft.

Daß wir alle im Laufe unseres Lebens fast zwangsläufig straffällig werden, und zwar je oller, desto doller, das scheint für die Justiz schlicht festzustehen. Landgericht über einen Vierundvierzigjährigen:

Zu Gunsten des Angeklagten wurde berücksichtigt, daß er trotz fortgeschrittenen Lebensalters bisher ein straffreies Leben geführt hat und die Tat bedauert.

Und manche Lebensläufe haben nur scheinbar einen Knick.

Ich war schon im Landeskrankenhaus. Da hatte ich Para-Neuer. Aber das ist doch normal.

11. ... bis zur Bahre

Das Ausscheiden aus dem aktiven Arbeitsleben, auch für den fleißigsten Polizeibeamten steht dieser Schritt irgendwann an. Und so lesen wir in einer Akte folgenden

Schlußvermerk:
Die Täter konnte ich nicht finden,
dies werde ich jedoch verwinden;
es ist bestimmt kein Hohn,
ich geh' jetzt in Pension.

Die Justiz hat nicht zuletzt auch mit jenen zu tun, die, besonders aus Altersgründen, nicht mehr selbst zurechtkommen und der Unterstützung bedürfen. Einen ersten unmittelbaren Eindruck gewinnt das Gericht dann bei der Anhörung zur Prüfung einer möglichen Betreuerbestellung. Die Betreuungsbehörde warnte den Richter in diesem Fall aber schon mal vor:

Der Betroffene erschien uns heute zwar klarer, aber vom Erscheinungsbild her ebenso schmutzig/verdreckt und trug einen massiven schlechten Körpergeruch an sich (wahrscheinlich seit Monaten nicht mehr gewaschen?).
Für die anstehende Anhörung hoffen und bitten wir um Ihr Verständnis im Sinne des Betroffenen!

Eine Betreuung wird oft von nahen Angehörigen angeregt, die ebenfalls gelegentlich im Vorfeld darauf hinweisen, welchen Schwierigkeiten das Gericht bei einer persönlichen Anhörung begegnen könnte, also üblicherweise Schwerhörigkeit, Wortfindungsstörungen usw. Neu war:

Die Betroffene ist zu wahrheitsgemäßen Äußerungen nicht in der Lage.

Hier ließ eine Frau jedoch durchblicken, daß sie sich gegen die Einrichtung einer Betreuung durchaus zu wehren wüßte.

Ich war zeitlebens nicht behindert, außer durch meine Eheschließung und das Gebundensein an einen Mann und familiäre Verpflichtungen.

Ich kann ausgezeichnet schießen, kochen und mich artikulieren, wenn ich will.

Ihren Augen nicht trauen mochte eine Betreuungsrichterin, als sie fast postwendend ihren Beschluß wieder in Händen hielt, den sie gerade einer Betroffenen in einer Klinik für Psychiatrie hatte zustellen lassen. Aber da war ja immerhin dieses ärztliche Begleitschreiben:

Anbei senden wir Ihnen den Beschluß, der der Betroffenen zugestellt wurde, zurück.

Nachdem sie ihn gelesen hatte, meinte sie, sie sei nicht betroffen und nicht gemeint. Zudem handele es sich bei einem Gericht ja auch um etwas Eßbares.

Die Patientin veranlaßte uns, Ihnen das Schreiben zurückzusenden.

<u>Anlage:</u> Ihr Beschluß

Wer weiterhin in den eigenen vier Wänden wohnt, von dem werden womöglich ganz besondere Fertigkeiten erwartet.

Der Betroffene Karl Kahl hat lebenslängliches unentgeltliches Wohnrecht, muß jedoch für seine Ver- und Entsorgung selbst aufkommen.

So mag es zuweilen sein, daß das eigentliche Leben schon im Diesseits mehr oder weniger sein faktisches Ende findet. Wo das nicht der Fall ist, könnte das der Betonung wert sein.

Aus der Todesanzeige einer Studentenverbindung für einen Anwalt:

Zu Beginn seines Studiums wurde er bei uns aktiv. Da er nach Beendigung des Studiums in Heidelberg geblieben ist und bis zu seinem Tode weiter gelebt hat, stand er dem Altherren-Bund immer besonders nahe.

Eine zweite Chance bekommen übrigens nur wenige.

Meine Schwester ist in großer Sorge um mich. Sie hat Angst, daß ich mir noch mal das Leben nehme.

Ähnlich er hier:

Wenn Sie nicht spuren, werde ich mit Waffen zu Ihnen kommen, ein Selbstmordattentat begehen und mich dann der Polizei stellen.

Ein Strafgefangener schrieb:

Der DVD-Recorder bleibt auf der Kammer bei meiner Habe bis zu meiner Entlausung.

Aber nicht ein Ungezieferbefall dürfte seine Gedanken gelenkt haben, vielmehr die Aussicht, daß im Falle der Entlassung die lausigen Zeiten im Knast endlich ihr Ende hätten.

Allerdings reimte der unvergessene Heinz Erhardt einst trefflich:

Das Leben kommt auf alle Fälle
aus einer Zelle.
Doch manchmal endet's auch – bei Strolchen! –
in einer solchen.

Aber da die Hoffnung bekanntlich zuletzt stirbt, verleiht der feste Glaube an ein späteres Leben in Freiheit den Gefangenen im allgemeinen Kraft und Zuversicht. Als es einmal schiefging, klang die Benachrichtigung, die die Staatsanwaltschaft von der JVA erhielt, denn in der Tat auch so, als habe jemand eine Glaubensgemeinschaft verlassen.

Austrittsmitteilung

Der Vorgenannte ist am

06.03.2008

aus der Justizvollzugsanstalt ausgetreten.

Austrittsadresse:

-keine Entlassungsadresse eingetragen-

Tod ohne besonderen Grund

Maschinell erstellter Beleg
-ohne Unterschrift gültig-

Gemeint war offenbar, daß ein natürlicher Tod vorlag, nicht beispielsweise ein Selbstmord.

Eine andere JVA setzte auf Verwaltungsvereinfachung und benutzte in einem solchen Fall kurzerhand das Formular «Entlassungsmitteilung», wo es lapidar hieß:

Zum Ersuchen:
vollstr. Entsch. LG ███████ v. 22.08.08, NZS 200 Js ████ VRs, StA ███████

Der/die Vorgenannte ist am **12.04.2009** , **04:30** Uhr

nach

entlassen worden. (Tod)

Bei jeder vorzeitigen Entlassung hat der Vollzug übrigens ein gehöriges Wörtchen mitzureden, insbesondere also in seinen Stellungnahmen gegenüber Staatsanwaltschaft und Strafvollstreckungskammer zur Frage einer möglichen Entlassung zum Zweidrittelzeitpunkt. Als ein Verteidiger für seinen Mandanten schon mal vorfühlte, wie die Chancen wohl stünden, bekam er eine kriminologisch fundierte Abfuhr.

Hinzu kommt, daß bei Ihrem Mandanten ein direkter Kausalzusammenhang zwischen Delinquenz und Straftaten besteht.

Bei jedem unnatürlichen oder nicht geklärten Todesfall leitet die Polizei ein Todesermittlungsverfahren ein. Die Bestattung darf dann erst nach einer Freigabe durch die Staatsanwaltschaft stattfinden, die vorher auch die Frage beantworten muß, ob eine Obduktion erforderlich ist. Das alles sind Eilentscheidungen, Zeit bis zum Jüngsten Tag bleibt nicht.

Polizei an Staatsanwalt:

Der Bestatter hat gerade angerufen und darauf hingewiesen, daß der Verstorbene mittlerweile wieder zum Leben erwacht ist, und zwar aufgrund der vielen geschlüpften Fliegenmaden. Er bat um schnelle Freigabe.

So richtig tot war auch die nächste Leiche nicht.

Die Sektion der Leiche ergab neben einer Leberzirrhose, Schrumpfnieren und ca. 4 Promille Alkohol im Blut einen Bandwurm von 2 m Länge.

Ferner gibt es Verpflichtungen im Leben, die den Tod überdauern.

Mitglieder der Freiwilligen Feuerwehr geben Hinweise zur Adresse des geborgenen Leichnams. Es handele sich um das letzte Haus auf der linken Seite. Der Leichnam wohne dort zusammen mit seiner Mutter, die er im Hause pflege.

Wird die Berufsfeuerwehr alarmiert, sollte sie bei ihren Einsätzen ruhig auf Vorkasse bestehen. Das hielte ihr Schlagzeilen wie diese vom Hals (Hannoversche Allgemeine Zeitung):

Toter soll für Wiederbelebung zahlen

Feuerwehr schickt Verstorbenem Rechnung
für «erfolglose Reanimation»

Irgendwann aber ist alles überstanden und die Bestattung über die Bühne gegangen. Wie tröstlich für die Erben, wenn jetzt das eröffnete Testament eines Erblassers

Mit freundlichen Grüßen

schließt.

Mit dem Ruhen in Frieden war es allerdings im folgenden Fall nicht weit her. Da hatten sich Witwe und die Tochter des Verstorbenen aus erster Ehe zwar zunächst auf eine Grabstätte geeinigt, die Tochter dann aber ihren Vater eigenmächtig umbetten lassen. Als das herauskam, flogen die Fetzen. Man stritt vor Gericht um die Rückbettung. Die Frage war: Wem hatte der gute Mann zu Lebzeiten das Toten-Fürsorgerecht übertragen, vor allem, wie hatte er selbst sich seine Bestattung gewünscht?

Jedenfalls nicht als Gruselkrimi, ermittelte das Landgericht und protokollierte in der Beweisaufnahme:

Wenn ich gefragt werde, ob er diesbezüglich mir gegenüber geäußert hat, wo er begraben werden wolle, so gebe ich an, daß jedesmal, wenn wir dort an der Grabstätte waren, er mitgeteilt hat, daß er dort im Leben nicht bestattet werden wolle.

12. Der lange Arm des Gesetzes

Phantasievoll verkleidet hatten sich die Teilnehmer einer unzulässigen, weil in der Bannmeile eines Landtages durchgeführten Demonstration. Als Clown trat man da beispielsweise auf, als Nikolaus, als Pipi Langstrumpf oder auch als Weihnachtsmann. Ein buntes Treiben, das offenbar auch die Polizei animierte. So hieß es im Urteil:

Polizeikommissar Samthaar posierte im Eingangsbereich des Landtages.

Bei ihren Einsätzen begegnet die Polizei den seltsamsten Leuten, jedoch weniger häufig, als ihre Berichte zuweilen nahelegen.

Uns wurde eine randalierende Person in der Uferstraße mitgeteilt. Eine weibliche Person sei verletzt.
Am Ort wurde eine weibliche Person angetroffen, die nur mit einem T-Shirt bekleidet war. Dieser folgte eine männliche Person, die die restlichen Kleidungsstücke der Frau trug.

Aber nur auf dem Arm. Lassen Sie sich also nicht auf denselben nehmen.

Genau dort allerdings, also auf dem Arm, wähnte man sich, als bei einer Rüstungsfirma mehrere handschriftlich verfaßte Briefe eingingen, in denen Flugabwehrgeschütze, Feuerleitanlagen und andere Waffensysteme bestellt wurden, immer unterzeichnet zwar mit demselben Namen, doch mit wechselnden Dienstbezeichnungen. Mal war der Herr ein Großadmiral, dann ein Generalfeldmarschall, ein andermal ein Waffenhochschullehrer. Die Polizei ermittelte schließlich einen in Geisteskrankheit verfallenen ehemaligen Ingenieur, dem neben militärischen auch ehrgeizige zivile Großprojekte am Herzen lagen.

Einer Tiefbaufirma hatte er den Auftrag zum Eindeichen der Nordsee erteilt.

Um einen Arm ging es auch im nächsten Fall. Durch das Loch in der Schaufensterscheibe eines einschlägigen Geschäfts sollten laut Anzeige des Inhabers 50 Flaschen Spirituosen entwendet worden sein, unter anderem 8 Flaschen Sekt. Eine Schadensaufstellung, die bei der Polizei auf Skepsis stieß.

Gemessen ab der rechten Abbruchkante, ist der Sekt in einer Entfernung von über einem Meter aufgebaut. Um also von außen durch das Loch an die Sektflaschen zu gelangen, hätte es eines übernatürlich langen Armes bedurft.

Was nur beweist, daß der längste Arm nun einmal der des Gesetzes ist. Selbst bei Planung von sehr langer Hand erschien dies unmöglich.

Dennoch muß man zur Kenntnis nehmen, daß manche Täter sehr wohl über ganz beachtliche Durchgriffsmöglichkeiten verfügen.

Der Beschuldigte hat der Geschädigten den Rock hochgeschoben und sie an die Brust gefaßt.

Und es spricht für unseren Strafvollzug, daß man dort auf solche Sonderphänomene eingestellt ist.

Der Anspruch des Antragstellers auf Gesundheitsuntersuchungen und Krakenbehandlung gem. § 57 Nds. Justizvollzugsgesetz ist erfüllt.

Der Arm des Gesetzes ist aber nicht nur lang, er ist auch stark. Und so staunte ein Polizeibeamter nicht schlecht, als er zu mitternächtlicher Stunde im Vorraum der Polizeiwache Geräusche hörte und dann auf diese Szene stieß:

Ich konnte PK Müller in Zivilkleidung erkennen, der eine größere sich sträubende Person «im Schwitzkasten» hielt.

Der Mann, dem jetzt Handfesseln angelegt wurden, war denn auch keineswegs freiwillig dort. Wie der an sich dienstfreie PK Müller zu berichten wußte, hatte der Mann soeben in der Fußgängerzone mit seinem Pkw regelrecht Jagd auf ihn gemacht.

Mit hoher Geschwindigkeit sei er ihm entgegengekommen. Nur durch einen Sprung zur Seite habe er einen Zusammenprall vermeiden können. Kurz darauf sei der Mann wieder, mit noch höherer Geschwindigkeit – ca. 70 bis 100 km/h – auf ihn zugefahren. Wieder habe er sich nur durch einen Sprung zur Seite retten, aber gleichzeitig auch gegen die Fahrertür treten können.

Letzteres war klug, denn jedem Rowdy ist sein Auto heilig.

Der Pkw sei nun abgebremst worden und dann zum Stillstand gekommen. Dann habe der Fahrer zurückgesetzt, sei ausgestiegen und habe gesagt: «Ich bin Polizeibeamter, du bist festgenommen.»

«Falsch!», habe PK Müller entgegnet. «Ich bin Polizeibeamter und du bist festgenommen!»

Da sich der Mann geweigert habe mitzukommen, habe PK Müller ihm zwei Faustschläge ins Gesicht versetzt. Dann sei man gemeinsam mit dem Pkw zur Polizeiwache gefahren. Hier habe sich der Mann wiederum geweigert, so daß er in den «Schwitzkasten» genommen worden sei.

Es nützt zweifellos der Aufklärungsquote, wenn Ermittler auch aus der Fülle eigener Lebenserfahrung schöpfen.

Die drei jugendlichen Beschuldigten hatten demnach also mutmaßlich vor, sich mit der Reitschülerin sexuell zu vergnügen, nachdem diese sich im Reitunterricht «warmgeritten» hatte.

Dazu ist anzumerken, daß der Unterzeichner in jüngeren Jahren selbst einer Freizeit-Reitgemeinschaft angehörte, zu der auch Reiterinnen zählten. Soweit bei den Geländeausritten «mit Damen» dabei gewesen, war festzustellen, daß die Reiterinnen nach dem Ausritt weit eher geneigt waren, den ihnen sympathisch scheinenden Reitern «Avancen» zu machen, als vorher.

Manchmal klingt in Polizeiberichten auch die Neigung für einen anderen Beruf an.

Anwohner meldet herausgerissene gußeiserne Oberflächenwassereinlaufroste. Diagnose: doppelte Fraktur einer äußeren Rippe infolge Überfahrenwerdens durch Schwerlastverkehr.

Was wäre wenn … Die Polizei ist da mitunter erfinderisch. Diebstahl aus einem Wohnhaus.

Im vorliegenden Fall ist aus hiesiger Sicht davon auszugehen, daß der Zugang auch gewaltsam über die Terrassentür erfolgt wäre, wenn diese nicht zufällig zum Lüften geöffnet gewesen wäre.

Und es wäre womöglich auch eine Trunkenheitsfahrt in Betracht gekommen, wenn nicht zufällig die Terrassentür kein Auto gewesen wäre.

(Hintergrund: Das Aufpeppen der Tat zu einem vermeintlichen Einbruchsdiebstahl diente dem Versuch, einer richterlichen Anordnung für eine bestimmte Überwachungsmaßnahme, die nur bei schwereren Delikten zulässig ist, den Weg zu ebnen.)

Hauptsache, die Polizei läßt sich nicht in eigenen Berichten mißbrauchen.

Bei fast allen Überfällen wurde eine silberfarbene Polizei als Tatwaffe verwendet.

Wenn böse Zungen Unwahres behaupten, hält man bei der Polizei den Mund, und zwar für das eigentliche Übel.

Aus einer Strafanzeige wegen falscher Verdächtigung:

Tatbegehungsweise **Falsche Aussage bei der Polizei machen**

(Stichworte s. Katalog)

Tatmittel **Mund**

(z. B. Messer, Pistole, Zange)

Ermunterungen zu derartigen Delikten sollte die Polizei natürlich unterlassen, auch wenn es reizvoll sein mag, an der Phantasie anderer teilzuhaben.

Aus einer Zeugenvernehmung:

Ich wurde als Zeuge belehrt, daß ich verpflichtet bin, die Wahrheit zu sagen und niemanden fälschlicherweise mit einer Aussage belasten darf.

Ich wurde auch belehrt, daß ich eine Straftat, die nicht stattgefunden hat, erzählen darf.

Vermutlich ist es ein erhabenes Gefühl, wenn man am Ende selbst bestimmen kann, was wahr ist.

Ich stimme zu dass meine Angaben richtig sind.

13. Home sweet home

Home sweet home, diese Floskel suggeriert, daß man sich zu Hause noch am wohlsten fühlt, beispielsweise weil es sich dort so schön kuschelig ausnimmt. Was im Einzelfall aber Ansichtssache ist, wie dieses Kapitel zeigen soll.

Aus einem Durchsuchungsbericht der Polizei:

Insgesamt war die Wohnung in einem vermüllten Zustand und nur sperrlich möbliert.

Mit sperrmüllreifen Möbeln also offenbar.

Einen Vorzug aber haben solche Verhältnisse: Eine polizeiliche Durchsuchungsaktion kann im Grunde nichts mehr durcheinanderbringen, es ist schon alles durcheinander. Was auch dem nachfolgend betonten Umstand entgegenkommt, daß raumpflegerische Aufgaben nun wirklich nicht zum Kernbereich polizeilichen Handelns gehören.

Die verwahrlosten und unaufgeräumten schmutzigen Zimmer wurden entsprechend durchsucht. Es wurde keine Waffe oder ähnliches gefunden. Der Zustand der Wohnung nach der Durchsuchung war unverändert unaufgeräumt.

So richtig ungemütlich wird es dann in der Behausung eines Menschen mit Messie-Syndrom. Das sind Leute mit einer Desorganisationsproblematik, wie man sagt, mit einem Sammeltick. Welche Folgen das zeitigt, lesen Sie jetzt, wobei es selbst einem gestandenen Kriminalhauptkommissar zunächst die Sprache verschlägt.

Die auf dem Grundstück bis zur Hauseingangstür vorgefunde-
nen Zustände lassen sich mit Worten durch den Unterzeichner
nicht beschreiben.

Auch die Suche nach dem mutmaßlichen Diebesgut stieß nur zu
rasch an natürliche Grenzen.

Im Haus ließ sich keine der Türen so weit öffnen, daß ein
Betreten möglich war. Durch den mit körperlicher Gewalt
geschaffenen Spalt mußte sich durchgedrängt werden. In den
vorgefundenen Räumen stapelte sich Unrat bis unter die Decke,
und es gab nur drei Löcher, von denen zwei als Schlafstatt und
das dritte für den Fernseher waren. Lebensmittel und Beklei-
dung, Waren aller Art in allen möglichen Zuständen, von neu
über gebraucht bis hin zu total nicht definierbar, waren vor-
handen und eben bis unter die Decke gestapelt. Eine Kochmög-
lichkeit wurde nicht gefunden. Ein vorhandener Kachelofen
war vollständig eingepackt. Eine Möglichkeit, die normalen
körperlichen Bedürfnisse erledigen zu können, war auf dem
gesamten Grundstück nicht zu sehen und zu finden. Ein Teil
des Unrats stammt vermutlich von dort mit lebenden Tieren
und Ungeziefer.
Eine Durchsuchung im Sinne eines Durchsuchens der vorge-
fundenen Sachen und Gegenstände war nicht möglich.

Nach so viel Dreck hieß es aber:

Eine reine Mitteilung über die vorgefundenen Zustände wird an
die örtliche Gesundheitsbehörde weitergegeben.

Sie sind der Meinung, so etwas gebe es nur in den eher benach-
teiligten Kreisen unserer Gesellschaft? Nun, dann lassen Sie uns
jetzt mal das Haus einer Akademikerfamilie betreten. Die Beamten waren hier mit einem Durchsuchungsbeschluß gegen den
Sohn angerückt.

Der Vater des Beschuldigten, Herr Dr. Watenpfuhl, öffnete uns
die Haustür. Die Frage, ob der Sohn anwesend sei, wurde ver-

neint. *Der Sohn habe mit der Familie gebrochen und halte sich nur noch sporadisch mal im Haus auf.*

Warum, das werden Sie bald verstehen, geht's doch auch dabei ums Brechen.

Nach Aushändigung des Durchsuchungsbeschlusses durften/sollten wir alle Räumlichkeiten aufsuchen.

Beim Betreten des Hauses schlug uns ein fürchterlicher Gestank entgegen. Ein großer Mischlingshund bellte aus dem Wohnzimmer (Glastür) heraus. Im Flur blieb man förmlich im Hundekot und -urin kleben. Der gesamte Eingangsbereich war mit alten Zeitungen, Prospekten und Werkzeugen zugestellt, über die man teilweise hinwegsteigen mußte. Durch die Glastür hatte man einen Einblick in das Wohnzimmer, in dem der Hund stand. Wir erkannten im Wohnzimmer keinen Fleck und keine Möglichkeit, sich einmal hinzusetzen. Vom Anblick des Fußbodens wurde einem übel.

Unmittelbar von der Haustür aus gesehen, nach links, ging eine Treppe in die 1. Etage. Diese Treppe konnte in der letzten Zeit mit Sicherheit nicht benutzt worden sein. Sie war mit altem Gerümpel zugestellt.

Vom Flur aus nach rechts gelangte man in die Küche, welche nicht durch eine Tür abgetrennt war. Bei diesem Anblick mußten wir uns umdrehen. Ich war kurz vor dem Erbrechen. Unterzeichner hatte solch einen Schmutz in vierzig Dienstjahren noch nicht gesehen.

Die Tür vom Bad war herausgebrochen und stand an der Wand. Es befand sich keine Person im Bad.

Dann wollte Herr Dr. Watenpfuhl uns im Keller den Raum zeigen, in dem der Sohn ab und zu mal nächtigt. Es dauerte zehn Minuten, bis er den Zugang zu dem Kellerraum vom Unrat freigemacht hatte. In dem Kellerraum war gerade noch zu erkennen, daß unter dem gesamten Gerümpel ein Bett stand. Alle Behältnisse waren mit alter Kinderkleidung, Werkzeugen, Zimmertüren und anderem Gerümpel zugestellt.

Gleich neben dem Raum befindet sich der Heizungsraum. Es wurde nur ein kurzer Blick in den Raum geworfen. Gleich neben der Tür stand eine Kiste, gefüllt mit Hundekot.

Uns wurde sofort klar, daß im gesamten Haus keine der gesuchten Beweismittel zu finden waren. So fand keine Durchsuchung, sondern nur eine Nachschau statt.

Wer wollte den Beamten das auch verdenken, zumal man jetzt noch einmal den Atem anhalten muß.

Die Ehefrau des Herrn Dr. Watenpfuhl war nicht vor Ort. Sie ist Rektorin der örtlichen Haupt- und Realschule.

Und wahrscheinlich eine glühende Verfechterin der Ganztagsschule.

My home is my castle. Dieses Grundvertrauen in die eigenen vier Wände als gesichertem Ort vor den Widrigkeiten des Lebens ist nach einem Einbruch meist nachhaltig gestört. Erst recht, wenn man in der eigenen Wohnung Opfer eines Raubüberfalles wird. Da half hier wenig, daß gerade ein Kumpel zu Besuch war, denn für eine effektive Hilfeleistung fehlte ihm einfach der Biß.

Es war am frühen Abend, als die beiden Männer den Matze in der Küche zusammenschlugen und Chipkarte und Geheimnummer verlangten. Als ich dazwischen gehen wollte, stellte der Mann mit den Tätowierungen sein Bein vor und sagte, ich soll sitzen bleiben. Ich erwiderte, daß ich raus will, meine Zähne vom Tisch im Wohnzimmer holen. Beide sagten, ich soll sitzen bleiben, sonst seien meine anderen Zähne auch noch draußen.

Aber es gibt tatsächlich tapfere Zeitgenossen, die sich letzterem stellen, vermutlich zur Vermeidung der Praxisgebühr.

Wir erhielten einen Einsatz wegen einer Schlägerei, bei der eine Person verletzt worden sein sollte. Der Täter sei noch vor Ort.

Der durch die Schläge geschädigte Heini Hase öffnete uns die Wohnungstür, gab an, den Notruf getätigt zu haben, und schilderte folgenden Sachverhalt:

Er habe seit einiger Zeit Zahnschmerzen. Da ihm dies sehr weh tat, forderte er den nun ebenfalls an der Wohnungstür erscheinen-

den Kalle Keilholz auf, ihm eine in die «Fresse» zu hauen. Der alko-
holisierte Herr Keilholz (Drägertest: 1,34 Promille) schlug Herrn
Hase mit der rechten Faust in die linke Kieferseite, wobei einige
Zähne gelockert wurden und er Schmerzen im Kiefernbereich ver-
spürte.

Der eingetroffene RTW nahm Herrn Hase zum Röntgen mit
ins Klinikum.

Und auch hier hatte jemand seine Kräfte erprobt. Die Polizei:

Als der Vermieter heute in das Haus kam, fiel ihm die offenste-
hende kaputte Tür des Appartements auf. In unserem Beisein
betraten wir die Wohnung, um nachzuschauen, ob dem Mieter
etwas passiert war.

Nun, ihm nicht ...

Bei dem Appartement handelt es sich um ein ca. 12 qm großes
Zimmer mit Flur, kleiner Einbauküche und Bad.

An der Wohnungstür fehlen der Schließmechanismus und die
Türklinke. Der Türrahmen ist verzogen, die Tür nicht mehr
schließfähig.

Aus der Zwischentür wurde das Glas entfernt, der Türrahmen
durch tiefe Einkerbungen zerstört.

Das Fenster des Zimmers wurde aus der Halterung herausge-
rissen. Der Fußboden des Zimmers ist durch den eindringenden
Regen durchnäßt.

In die gesamte Fläche der Zimmerwände und in die Decke
wurden Löcher, vermutlich mit einem Hammer oder einer Spitz-
hacke, hineingeschlagen. Die Löcher haben einen Durchmesser
von ca. 25 cm und sind ca. 5 cm tief.

Der unterbaufähige Kühlschrank der Einbauküche wurde mit
brachialer Gewalt aus dem Schrank herausgerissen und fehlt.
Die Badarmaturen wurden teilweise zerstört.

Der Mieter war nicht anwesend.

Letzterer zeigte sich in seiner schriftlichen Einlassung zum Vorwurf der Sachbeschädigung zwar einigermaßen einsichtig, ver-

suchte sich aber auch an einer Auslegung von Artikel 2 Abs. 1 Grundgesetz (Recht auf freie Entfaltung der Persönlichkeit):

Ich gebe die Tat zu, habe aber das Recht durch Mietzahlungen, meine Wohnung so zu gestalten, wie ich das möchte, doch vor Auszug wieder bewohnbar zu machen.

Aber auch der ganz normale Beziehungsalltag kann einem trauten Heim zusetzen.

Unser Beziehungsstreit verlief normal temperamentvoll und endete damit, daß der Frederick die Eßzimmertür herausriß und diese mit lautem Poltern in den Flur warf. Danach warf er noch den Katzenkratzbaum um, zerschlug im Flurbereich eine kleine Garderobe und verließ anschließend die Wohnung.

14. Poolbillard

Beim Poolbillard geht es bekanntlich darum, Kugeln zu treffen und zu versenken. Das Prinzip läßt sich aber auch weit größer aufzäumen. Man benötigt lediglich ein Hafenbecken, sechs Limousinen und reichlich Zielwasser.

Gegen 12.30 Uhr wollte die Beschuldigte vom Parkplatz des Yachtclub-Restaurants fahren. Beim Rangieren stieß sie dabei leicht gegen den hinter ihr stehenden Pkw Volvo, GA-G 18. Beim Wiedervorwärtsfahren kam die Beschuldigte dann nicht mit der Automatik ihres Pkw zurecht. Der Wagen schoß durch die fehlerhafte Bedienung plötzlich nach vorne und stieß frontal gegen das Heck des Pkw Mercedes, HAH-A 9. Durch den Anstoß wurde der Pkw über die ca. 2 m breite Anpflanzung und über den ca. 4 m breiten Fuß- und Radweg in den Yachthafen geschleudert.

Die Beschuldigte setzte ihren Pkw daraufhin wieder zurück. Dies geschah ebenfalls so ruckartig, daß sie mit dem Heck ihres Pkw gegen die Front des Pkw Mercedes, WIT-Z 14 stieß. Die Beschuldigte fuhr ihren Pkw nun wieder vorwärts. In ihrer Panik verwechselte sie dabei das Bremspedal mit dem Gaspedal, so daß ihr Pkw mit großer Wucht gegen den Pkw Mercedes, LAC-H 16 stieß. Durch den Aufprall schleuderte dieser Pkw ebenfalls über die Anpflanzung und den Fuß- und Radweg in den Yachthafen. Während des Aufpralls beschädigte die Beschuldigte mit ihrem Pkw noch die linke Fahrzeugseite des Pkw Mercedes, IR-RE 97. Auch jetzt konnte die Beschuldigte ihren Pkw noch nicht zum Stehen bringen, so daß sie über die Anpflanzung und den Fuß- und Radweg ebenfalls in den Yachthafen fuhr.

Um die im Wasser liegenden Fahrzeuge bildete sich eine ca. 1 bis 2 qm große Öllache, die durch die Feuerwehr mit einer ausgelegten Ölsperre gebunden wurde.

Bei der Aufnahme des Sachverhaltes wurde bei der Beschuldigten Atemalkoholgeruch festgestellt. Der Alcotest verlief positiv. Eine Blutprobe wurde veranlaßt.

Zur ausgleichenden Gerechtigkeit hier noch eine männliche Trockenübung ähnlichen Kalibers. Trocken aber nur insoweit, als das Maritime fehlte.

Anhand der vorgefundenen Spuren und der Zeugenaussagen rekonstruierte die Polizei den Spiel-Ablauf wie folgt:

Am Sonntag gegen 15 Uhr befuhr 01 mit dem Pkw seines Bruders den Parkstreifen vor der Häuserreihe Nr. 26–30. Aufgrund Alkoholgenusses verlor er die Kontrolle über den Pkw und fuhr zurück. Hierbei streifte 01 den parkenden Pkw 03, durchbrach eine 2.70 m breite Hecke und überquerte die Straße. Anschließend fuhr er gegen den ordnungsgemäß geparkten Pkw 04 und schob diesen auf den angrenzenden Gehweg. Hierbei riß die hintere Stoßstange am Pkw 01 ab und schleuderte gegen den geparkten Pkw 05. Dann fuhr 01 nochmals vorwärts durch die Hecke und stieß frontal mit dem geparkten Pkw 02 zusammen. Dann stellte 01 den total beschädigten Pkw ab. 01 war nicht im Besitz einer Fahrerlaubnis.

Auch in puncto Spielmaterial hinkt dieser Fall nicht nach, meldete sich doch am Dienstag noch ein 06, dessen Pkw ebenfalls touchiert worden war.

— — — ▶ **Fahrweg des Bet. 01**
▲ **Beschädigungen an den Bet. Pkw**

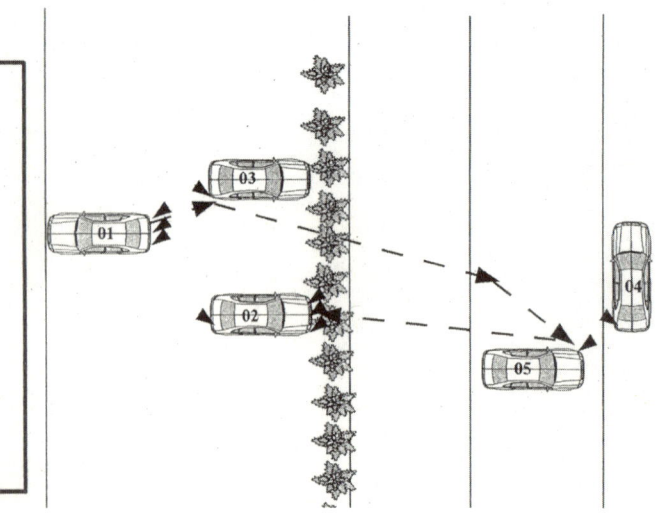

15. Musik drin

In manchen Verfahren ist richtig Musik drin. Erst wird jemand verpfiffen, dann singt einer, und schließlich wird dem Geschädigten laut Polizeivermerk sogar ein

Opermerkblatt

ausgehändigt.

Apropos Oper. Nehmen wir an, Sie liebten dieses Genre, hätten sich teure Karten für eine Aufführung der Oper «Nabucco» geleistet, erreichten aber das Stadttheater einige Minuten zu spät mit der Folge, daß man Sie nun nicht mehr einlassen will. Nachzügler mit Plätzen im Parkett oder ersten Rang, so heißt es, würden erst in der ersten Pause eingelassen.

Vielleicht hätten Sie ja jetzt auch die Faxen dicke, so wie die Leute im Fall, den das AG Aachen zu entscheiden hatte (NJW 1997, 2058):

Nach Austausch von Unfreundlichkeiten verließen der Kläger nebst Gattin – laut Kläger kommentarlos; nach dem Vortrag der Beklagten den Hausmeister mit Tierarten und Beschreibungen von Körperteilen betitelnd – das Etablissement und kehrten nicht zurück.

Preisfrage: Hätten Sie Anspruch auf Ersatz des Eintrittsgeldes sowie der Fahrtkosten? Das Amtsgericht meinte nein und verwies

auf eine jahrhundertealte und internationale Gepflogenheit, die dem Vertragsverhältnis zwischen Opernveranstalter und Besucher immanent ist und die auf die Kurzformel gebracht werden kann: Vorhang auf, Türen zu.

Denn Opernfans (diesmal die, die schon drinsitzen) seien etwas ganz Besonderes.

Diese Vertragspartner des Veranstalters werden nicht, wie beispielsweise im Kino, klaglos hinnehmen, daß Nachzügler geräuschvoll hinter dem Lichtkegel der Taschenlampe eines Platzanweisers herstolpern, um sich dann unter vielen «Entschuldigung» und «Darf ich mal» auf ihren Platz zu drängeln, wobei sie unter den bereits sitzenden Zuschauern den aus Fußballstadien bekannten «La Ola-Effekt» auslösen.

Allenfalls könnten verspätete Besucher in weniger störanfällige Bereiche des Zuschauerraumes vorgelassen werden, hätten sonst aber bis zur Pause zu warten.

Weitere Differenzierungen durch das Ordnungspersonal sind nicht handhabbar. Weder kann diesen die Auswahl dramaturgisch günstiger Momente zum schubweisen Einlaß von zu spät Gekommenen überlassen werden, noch kann es darauf ankommen, ob es sich um eine Aufführung mit geräuschvoll tumultartigen Szenen auf der Bühne oder um eine andachtsvolle Darbietung handelt, so daß bei Wagner einzulassen wäre, bei Bach aber nicht.

Über Opernsängerinnen ließ übrigens Jürgen von Manger einst den von ihm verkörperten Adolf Tegtmeier im «Wilhelm Tell» behaupten, «die müßten schon mal bißchen dicker sein, daß in die mehr Luft reingeht, weil die ja damit dann hinterher ihre Töne veranstalten.»

Daran war man erinnert, als sich in einem Maßnahmepapier für die Justiz dieser bemerkenswerte Satz fand:

Umfangreiche Tenöre können in elektronischer Form per E-Mail von den Rechtsanwälten angefordert werden.

Gemeint waren natürlich umfangreiche Urteilstenorierungen, wie sie etwa in Handelssachen vorkommen können.

Musik war auch im nächsten Fall drin, wurde doch am Ende jemandem kräftig der Marsch geblasen.

Als ein Anzeigeerstatter seinem Begehren dadurch Nachdruck zu verleihen suchte, daß er seine gehobene Dienststellung im früheren Berufsleben betonte, ließ das den ermittelnden Staatsanwalt kalt. Er belehrte den Mann mit dem Hinweis, vor dem Gesetz seien alle Bundesbürger gleich. Hätte er es nur nicht so oberflächlich in die Akten gekrakelt und der armen Schreibkraft damit Rätsel aufgegeben. Denn im Brief an den Anzeigeerstatter stand zu lesen:

Vor dem Gesetz sind alle Scheckbetrüger gleich.

Die postwendend erhobene Dienstaufsichtsbeschwerde war vom Feinsten!

Umgekehrt ist nichts für feine Ohren, was die Staatsanwaltschaft sich manchmal anhören muß, etwa bei der Vollstreckung von Geldstrafen.

Sollten Sie mich weiterhin unter Druck setzen und mir drohen, dann werde ich gegen Sie Strafantrag wegen Nötigung stellen. Gehen Sie davon aus, daß ich, unabhängig davon, daß ich nichts habe, nicht unbedingt dumm wie Schifferscheiße sein muß.

Doch einer, der noch 25,– EUR zahlen sollte, obwohl er dies nach eigenem Bekunden längst getan hatte, weshalb er wohl argwöhnte, die Staatsanwaltschaft wolle sich ein Zubrot verdienen, dieser eine zeigte tatsächlich Herz für die Staatsanwaltschaft.

Sollte die Staatsanwaltschaft Hunger leiden, sagen Sie mir doch etwas. Gern schicke ich Ihnen ein paar Butterbrote. Keiner soll hungern und frieren.

Dabei vermuten manche sogar gut gefüllte Töpfe bei der Staatsanwaltschaft, etwa zur Unterstützung notleidender Verurteilter.

Ich bitte Sie, meine Strafe in Höhe von 1377,37 EUR in monatlichen Raten von 50 EUR abzuzahlen, da ich momentan arbeitssuchend bin.

Randbemerkung der Rechtspflegerin: Ich denke ja nicht dran.

Und in einem Zivilrechtsstreit um einen unbezahlten Motorroller ging bei Gericht dieses Schreiben der Beklagten ein:

Mir ist es aus finanziellen Gründen nicht möglich, zur Verhandlung zu kommen. Ich habe außerdem Herrn Rechtsanwalt Lichtblau mit der Wahrnehmung meiner Interessen beauftragt. Bitte lassen Sie ihn auch die Schulden für den Roller bezahlen.

Jemand, der Bewährung mit einer Geldauflage bekommen hatte, schrieb großzügig:

Am Montag werde ich meine Freiheitsstrafe an das Rote Kreuz überweisen.

Ist es nicht etwas Erfreuliches, wenn uns ein Freibrief erteilt wird?

Eilt, Anzeige!

hieß es schon bedeutungsvoll auf dem Briefumschlag, gerichtet

An die Staatsanwaltschaft
* z. Hd. des Oberstaatsanwalts*
* persönlich, vertraulich, geheim*

Geheim, das aber blieb auch der Absender. Denn abgesehen von mysteriösem Vorbringen nannte er an keiner Stelle seinen Namen oder seine Anschrift. Nur so viel ließ er von sich durchblicken: daß er offenkundig ein sparsamer Zeitgenosse war. Rechts oben auf dem Umschlag stand es nämlich:

Briefmarke zahlt der Oberstaatsanwalt

Es gibt umfangreiche Rechtsprechung dazu, was man sich vor Gericht gerade noch erlauben darf oder was bereits einen Angriff auf die Ordnung in der Sitzung bzw. die Würde des Gerichts darstellt und deshalb als Ungebühr mit Ordnungsgeld oder Ordnungshaft geahndet werden kann.

So sollte man es tunlichst unterlassen, als Angeklagte in einer «clownsähnlich geschminkten Maske» aufzulaufen. Auch demonstratives Kauen von Kaugummi trotz Abmahnung kann Folgen haben. Wer dem Gericht zuruft, es solle «seinen Zirkus allein machen» und dabei mit dem Stuhl gegen den Tisch schlägt, kommt nicht gut an, auch nicht Äußerungen wie, es gehe hier zu wie «im Kindergarten» und alles sei «Scheiße» oder man habe «noch nie einen so bescheuerten und beschissenen Prozeß gesehen wie diesen». Wer als Zeuge erbost wegläuft und die Saaltür laut zuwirft, riskiert ebenfalls Sanktionen.

Wer sich dann als verurteilter Angeklagter zu Hause hinsetzt und dem amtierenden Richter schriftlich seine Meinung geigt, begibt sich womöglich auf ganz dünnes Eis und spielt mit erneuter Strafverfolgung.

So hatte ein Strafrichter ein solches Schreiben als ehrverletzend empfunden und stellte Strafantrag bei der Staatsanwaltschaft. Die sah das ganz genauso und beantragte beim Amtsgericht im Wege des Strafbefehls eine Geldstrafe wegen Beleidigung. Klar, daß der betroffene Richter als Geschädigter in diesem neuen Verfahren nun außen vor zu bleiben hatte. Trotz formaler Zuständigkeit war er kraft Gesetzes von der Ausübung des Richteramtes ausgeschlossen (§ 22 Abs. 1 Nr. 1 StPO), eine juristische Banalität, deren Vorliegen zu erkennen bereits ein flüchtiger Blick in die Akten genügt hätte, zumal bei einem selbst gestellten Strafantrag. Aber dreimal dürfen Sie raten, wer – na, sagen wir mal milde: in der Hektik des Berufsalltags – den Strafbefehl trotzdem unterschrieb. Richtig, der Geschädigte höchstselbst!

Wie lautete doch eine Kernaussage des inkriminierten Briefes:

Ihre Urteile sind mit einem Glücksspiel zu vergleichen.

Seit je begreifen vor allem junge Leute ihren Schopf als Chance, modische Trends, ein bestimmtes Lebensgefühl, vielleicht auch so etwas wie eine Gesinnung sichtbar zum Ausdruck bringen zu können, wobei die Lust an der Provokation ebenfalls eine Rolle spielen kann.

Daß sich nun aber ausgerechnet ein Jugendrichter durch die Haartracht und -pracht eines Angeklagten provoziert fühlt, gar die Würde des Gerichts tangiert sieht und sich deshalb zur Verhängung einer Ordnungsstrafe hinreißen läßt, das hört man, so denke ich, mit Erstaunen. Es ist ja auch ein Fall aus den 60ern, der zeigen mag, wie verknöchert sich die Justiz seinerzeit noch präsentierte. Der Geist der Swinging Sixties war dort jedenfalls noch nicht angekommen.

Das angerufene OLG München hob den haarsträubenden Beschluß zwar wieder auf, argumentierte auch mit Recht und Gesetz, konnte sich jedoch eine gewisse Häme nicht verkneifen (NJW 1966, 1935):

Das Tragen einer Beatle-Haartracht verletzt nicht die Würde des Gerichts. Obwohl die Mehrheit der Bevölkerung diese Tracht ablehnt und als töricht, lächerlich oder geschmacklos empfindet, hat sie sich, nicht nur in der Bundesrepublik, bei vielen Jugendlichen durchgesetzt, die glauben, auf diese besondere Art ihre Persönlichkeit entfalten zu sollen. Das muß ihnen unbenommen bleiben, da ein Verstoß gegen das Sittengesetz nicht inmitten liegt (vgl. Art. 2 Abs. 1 GG), mag auch die Tracht nach allgemeiner Auffassung gegen den guten Geschmack verstoßen und einem jungen Mann ein lächerliches Aussehen verleihen. Es besteht keine Veranlassung und erst recht keine Möglichkeit, daß die Gerichte dieser Modetorheit durch Zwangsmaßnahmen entgegentreten. Im übrigen wird die Würde des Gerichts dadurch überhaupt nicht berührt, daß ein Beschuldigter oder ein Zeuge durch einen «Pilzkopf» auffallen will.

«Lächerliches Aussehen». Wie aber stünde es, so betrachtet, dann wohl um Goethe, Mozart, die Gebrüder Grimm, Einstein und all die anderen?

Und so mögen wir in Wahrheit nur Zeugen einer Art Neidde-batte gewesen sein, gilt doch der Grundsatz: Je höher die Instanz, desto dritter die Zähne und eben auch – desto kahler die Köpfe.

16. Anwälte

Ein engagierter Anwalt wird sich für seine Mandantschaft stets mächtig ins Zeug legen, ohne dabei allerdings gewisse Grenzen zu überschreiten.

Als dieser Anwalt gegen die Abschiebung seines Mandanten kämpfte, war das zwar aller Ehren wert. Den mit Nachdruck verfaßten Schriftsatz an die Ausländerbehörde dürfte der dortige Sachbearbeiter aber nur mit größtem Unbehagen gelesen haben.

Ich bitte Sie, sehr geehrter Herr Reiter, mir kurzfristig die Gelegenheit zu einer Vorstrafe bei Ihnen zu geben, bei der ich dann auch die Vollmacht vorlegen werde.

Auch Eloquenz und stimmliches Vermögen sind zweifellos wichtige Eigenschaften.

Mit Schreien seiner Prozeßbevollmächtigten rügte der Kläger die mangelhafte Aufstellung der Schrankwand.

Als andererseits ein Anwalt eine Zivilsache auf die leichte Schulter nahm und nur eine mit heißer Nadel gestrickte Klageschrift einreichte, wußte dies das Gericht dezent zu rügen:

Die Klage ist zu lässig.

Dabei verstehen Anwälte durchaus treffend und ausdrucksstark zu argumentieren.

Beispielsweise unter Einsatz von Metaphern, die es auf den Punkt bringen:

Die Beweislage ist an sich schon eine außergewöhnliche, weil die am meisten interessierende Person, die Kindesmutter, als ausschlaggebendes Pendel dasteht.

Oder mit messerscharfer Logik:

Der Vermerk des Staatsanwalts ist unsinnig, weil er ebenso kontrafaktisch wie apodiktisch einen inneren Zusammenhang zwischen Äußerung und dem anklagegegenständlichen Sachverhalt negiert und dem Strafverteidiger Mißbrauchsabsichten andichtet.

Es findet sich im selben Schriftsatz aber auch leichtere Kost:

Wo leben wir eigentlich?

Die Gesetze der Logik sind indes auch dem streitbaren Bürger nicht fremd.

In meinen Augen war das kein Betrug, höchstens eine Unfähigkeit des Tierarztes, denn nach der Behandlung war die Ziege nach einer halben Stunde tot und der Hund mußte nach zwei Tagen eingeschläfert werden. Deshalb habe ich auch die Tierarztkosten nicht bezahlt.

Geht es allerdings beim Vorwurf der Unfallflucht darum, ob man als Fahrerin das Unfallereignis, also etwa einen beim Ausparken verursachten Fremdschaden, überhaupt mitbekommen hat, und sind dann so schwierige Begriffe wie die taktile, visuelle und auditive Wahrnehmbarkeit zu erörtern, so überläßt man das vielleicht doch besser dem Spezialisten, also einem Fachanwalt für Verkehrsrecht. Der weiß dann genau, wovon er spricht.

Mangels takiler, visoeller und audioeller Wahrnehmbarkeit dieses geringen Anstoßes kann der Beschuldigten der für eine Verwirklichung des Tatbestandes erforderliche Kenntnis des Unfallereignis als solches nicht unterstellt werden.

taktiler, Tequila, takiler – vielleicht erklärt sich ja so diese fulminante Diktatleistung.

Wenn ein Ordnungsamt im Verhalten eines Bürgers eine Ordnungswidrigkeit zu erkennen glaubt, so strengt es Ermittlungen an mit dem Ziel, einen Bußgeldbescheid zu erlassen. Dabei gibt es immer wieder Konstellationen, die zusätzlich eine Straftat beinhalten, auf die man auch stößt, wenn nur gründlich genug im Sachverhalt gebohrt wird. Einem Ordnungsamt diese Bohrlust zu nehmen, ist oft dadurch zu erreichen, daß man frühzeitig Einsicht aufscheinen läßt und signalisiert, einen Bußgeldbescheid werde man, sollte er denn unvermeidlich sein, akzeptieren und nicht etwa anfechten.

Erwägt ein betroffener Bürger hier anwaltlichen Beistand, so sollte er die Verteidigerwahl sehr sorgfältig treffen. Ein für kompromißloses Kämpfen bekannter Anwalt hat sicher in vielen Situationen seine Vorzüge, bei einlenkenden Gesten könnte jedoch gerade er Argwohn erregen.

Aus dem internen Vermerk eines Ordnungsamtes:

Aufgrund der besonderen Umstände dieses Falles (telefonisches Bußgeldangebot von Rechtsanwalt Patzig!) wurde weiter ermittelt.

... und dabei der Verdacht für gleich zwei Straftaten zutage gefördert, weshalb nun die Staatsanwaltschaft am Zuge war.

Engagement und Diktatrhythmus bilden oft eine harmonische Einheit.

Angesichts der Tatsache, daß dem Mandanten die Fahrerlaubnis vorläufig entzogen wurde aufgrund einer Trunkenheitsfahrt, ohne Akteneinsicht hier aber nicht einmal überprüft werden kann, ob das Amtsgericht dies durch einen entsprechenden Beschluß sanktioniert hat, der Mandant den Führerschein aber bereits oder aus Anlaß oder wie auch immer verloren hat, insoweit einen neuen Führerschein beantragt, er aber, wie er mir erzählte, aufgrund der Weisung der Polizeibeamten nicht fährt, nicht fahren darf, nach dem Bericht meines Mandanten hier überhaupt nicht ersichtlich ist, weshalb hier weitere groß ange-

legte Nachforschungen erforderlich sein sollten, da der Mandant die Trunkenheitsfahrt wohl einräumt, bestehe ich nochmals nachdrücklich auf Gewährung von Akteneinsicht für drei Tage in meiner Kanzlei.

Daß ein Anwalt in einem Gesuch um Akteneinsicht zugleich eine alsbaldige Rückgabe der Akten versichert, ist nichts Ungewöhnliches. Eine absolute Rarität stellt indes dar, wenn er auch

eine pflegliche Behandlung

verspricht. Aber wahrscheinlich kannte er nur den nächsten Fall.

Zwar trägt ein Anwalt nach außen hin die alleinige Verantwortung für die von ihm bearbeiteten Fälle, intern aber verfügt er natürlich über weitere Mitarbeiter, die sich ebenfalls mehr oder weniger intensiv mit den Akten befassen.
    Schriftsatz an das Gericht:

Zu meinem Bedauern muß ich die Akten in beschädigtem Zustand zurückgeben.
    Meine Frau wollte die Akten in ihrem Wagen zur Post bringen, sie legte die Akten auf den Vordersitz. Im Wagen befand sich noch der angeleinte Hund, der sich nach kurzer Abwesenheit meiner Frau mit den Akten befaßte und diese beschädigte.
    Sonst wird in unserem Büro gewissenhaft mit den Akten umgegangen. Die Kosten der Restaurierung der Akten bitte ich mir aufzugeben.

Wie das Bild zeigt, hatte der Hund die Akten zweifellos sehr gründlich bearbeitet.

Akteneinsicht muß sein, denn ein Anwalt gibt sich nur ungern mit einem raschen, kursorischen Überblick zufrieden.

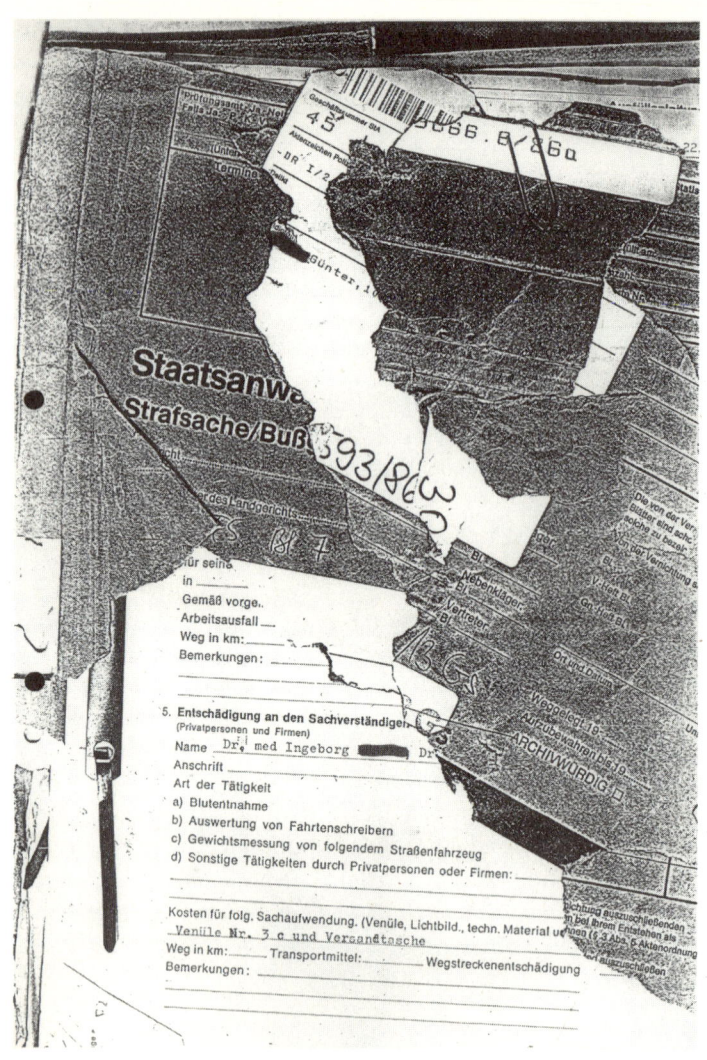

Staatsanw

Strafsache/Buß- 393/86

für seine

in

Gemäß vorge..

Arbeitsausfall

Weg in km:

Bemerkungen :

5. **Entschädigung an den Sachverständigen**
(Privatpersonen und Firmen)

Name ___Dr. med Ingeborg_____ Dr

Anschrift

Art der Tätigkeit

a) Blutentnahme

b) Auswertung von Fahrtenschreibern

c) Gewichtsmessung von folgendem Straßenfahrzeug

d) Sonstige Tätigkeiten durch Privatpersonen oder Firmen:

Kosten für folg. Sachaufwendung. (Venüle, Lichtbild., techn. Material u.

Venüle Nr. 3 c und Versandtasche

Weg in km: _____ Transportmittel: _____ Wegstreckenentschädigung

Bemerkungen :

Vorsorglich weise ich darauf hin, daß auch eine mündliche – korsaurische – Information im Haftprüfungstermin nicht ausreichend ist, die Akteneinsicht also nicht etwa ersetzt.

Von wem er beauftragt worden ist, das teilt ein Anwalt der Justiz selbstverständlich genau mit. Hier erwies sich eine Straßenbezeichnung jedoch als Mandanten-Killer.

... zeigen wir an, daß wir Herrn Pastor-Sander-Bogen 220a, 37083 Göttingen anwaltlich vertreten.

Anklage und Hauptverhandlung müssen kein Beinbruch sein, besonders wenn man einen guten Verteidiger an seiner Seite weiß. Aber vielleicht verhindert gerade ein Beinbruch das Erscheinen im Prozeß. Dann möchte das Gericht dies natürlich ärztlich belegt haben, was bei diesem Verteidiger auf Achselzucken stieß:

Der Angeklagte ist mittellos. Meiner Erfahrung nach stellen Krankenhäuser und Ärzte auch keine Bescheinigungen über Verhandlungsunfähigkeit aus, außer sie hätten einen Gutachterauftrag.

Ich habe den Mandanten allerdings persönlich im Krankenhaus besucht und kann bestätigen, daß er zum Zeitpunkt meines Besuches dort stationär aufgenommen war, in Zimmer 92 lag und etwas undefinierbares Langes und Großes um das rechte Bein gewickelt hatte.

Antwort des Gerichts:

Da lange große Dinger am Bein nie ewig dauern, bitte ich um ein kurzes dünnes Scheinchen, welches meiner Erfahrung nach auch Krankenhäuser ausstellen. In diesem könnte z. B. etwas zur Dauer des Krankenhausaufenthaltes drinstehen.

Die Benimmregeln zu Prozeßauftakt faßte ein Angeklagter mal so zusammen:

Pünktlich, sauber und nüchtern begab ich mich zusammen mit meinem Verteidiger in den Gerichtssaal.

Wenn trotz offenkundiger Chancenlosigkeit eine Berufung durchgezogen werden soll, kann das zum einen auf der Uneinsichtigkeit des Angeklagten beruhen.

Verteidiger an das Berufungsgericht:

Mein Mandant wünscht «das komplette Berufungsverfahren».

Bedauerlicherweise ist es mir nicht möglich, ihn zu einem persönlichen Gespräch mit mir zu bewegen, so daß ich nicht in der Lage bin, das Rechtsmittel zu beschränken bzw. sinnvoller Weise gänzlich zurückzunehmen.

Andererseits, so behaupten böse Zungen, winkten gerade für einen Pflichtverteidiger in der Berufungsinstanz auch weitere Gebühren, die sich kassieren ließen.

Vermerk der Geschäftsstelle des Landgerichts:

Der Angeklagte ruft an und teilt mit:

Ich habe meinem Pflichtverteidiger schon etliche Male gesagt, daß er die Berufung zurücknehmen soll. Er macht das einfach nicht.

Bitte senden Sie mir ein Formular für die Rücknahme der Berufung zu, welches ich nur zu unterschreiben brauche, da ich nicht so gut schreiben kann.

Ich möchte nicht, daß über die Berufung verhandelt wird.

Unter bestimmten Umständen muß einem Angeklagten vom Gericht ein Pflichtverteidiger beigeordnet werden, wozu vorher die Staatsanwaltschaft zu hören ist. Hier jedoch winkte der Staatsanwalt ab. Die Rechtslage sei nicht schwierig, diktierte er, die Straferwartung nicht hoch und der Sachverhalt – jetzt kommt's – einfach und überschaubar. Aber vielleicht wurde ja trotzdem ein Pflichtverteidiger beigeordnet, denn als die Akten bei Gericht eingingen, hieß es:

Der Sachverhalt ist einfach unüberschaubar.

In einem anderen Fall lehnte ein Richter die beantragte Bestellung eines Pflichtverteidigers unter anderem damit ab, daß keine Freiheitsstrafe in Betracht komme. In dem von ihm diktierten und unterzeichneten Beschluß hieß es aber:

... wird die Pflichtverteidigerbestellung abgelehnt, weil die Sache keine besonderen rechtlichen Schwierigkeiten bietet und Todesstrafe nicht in Betracht kommt.

Womit er fest auf dem Boden unserer Verfassung stand, ohne sie etwa mit Füßen zu treten, bestimmt doch Artikel 102 des Grundgesetzes ausdrücklich: «Die Todesstrafe ist abgeschafft.»

Als nach einer Verfahrenseinstellung in der Hauptverhandlung die Landeskasse die Verteidigergebühren tragen mußte und dabei von einem denkbar einfachen Fall ausgehen wollte, hatte man die Rechnung ohne den Anwalt gemacht.

Es hat immerhin eine Beweisaufnahme stattgefunden, in der ich dem Zeugen Fragen gestellt habe, die letztlich auch zur Verfahrenseinstellung geführt haben. Kluge Fragen zu stellen, ist nicht «denkbar einfach» (mir fällt das jedenfalls schwer), so daß mindestens die Mittelgebühren verbindlich sind.

Dabei reibe ich mir manchmal schon die Augen, mit welch traumwandlerischer Leichtigkeit einzelne Anwälte ihre Schriftsätze verfassen.

Sehr geehrter Herr Oberstaatsanwalt Dr. Ahrens,
*   in obiger Angelegenheit schlafe ich vor, das Verfahren gemäß § 45 JGG ohne Auflagen einzustellen.*

Und richtig bedenklich wird es doch, wenn bislang unbescholtene Bürger nur wegen des eigenen Verteidigers angeblich angeklagt gehören.

*Aufgrund meines Anwaltes müsste Herr ▮▮▮
mit angeklagt werden.*

Notare als Träger eines öffentlichen Amtes sind ohnehin schon besonders qualifizierte Juristen, hier lag einem Bürger aber die Bildung des für ihn tätig gewordenen Notars so sehr am Herzen, daß er sich ausdrücklich an den Landgerichtspräsidenten wandte, unter dessen Dienstaufsicht die Notare stehen:

Ich bin der Meinung, daß Sie, Herr Präsident, sich nun einschalten und dem Notar eine Lektüre erteilen und er mir die überzahlten Gebühren zurückerstattet.

17. Bei nackter Betrachtungsweise

Aus der Anzeige eines in der Psychiatrie Untergebrachten wegen Freiheitsberaubung:

Ich werde noch verrückt hier. Ich bin frei geboren, ohne Schlüssel! Und nackend.

Nackend – eine Betrachtungsweise, die sich mitunter auch gefallen lassen muß, wer nach Höherem strebt.

Stellungnahme im Beurteilungsverfahren über zwei konkurrierende Kandidaten:

Beide Bewerber erweisen sich bei nackter Betrachtungsweise als gleichermaßen belastbar.

Apropos nackte Betrachtungsweise. Wer sich aufmacht, um in Saunen heimlich unbekleidete Frauen zu photographieren, dem ist dabei nicht immer das erhoffte Glück beschieden.

Die Polizei:

Wir erhielten den Auftrag, zum Sportpark zu fahren. Dort wurde eine männliche Person festgehalten, welche im Saunabereich mit einem Fotoapparat eine weibliche Person widerwillig fotografiert hatte.

Und obwohl es in einem anderen Fall keineswegs um derartige Dinge gegangen war, geriet dort jemand zum

Hautverdächtigen.

Als ein Pubertierender bei einer reiferen Frau in zudringlicher Weise seinen Erfahrungsschatz zu erweitern suchte, hielt die ihm spöttelnd entgegen, ob er etwa beweisen wolle, schon ein richtiger Mann zu sein.

Zitat aus dem Urteil:

Auf diese Ermunterung hin zog der Angeklagte, der sich keine Blöße geben wollte, seine Hose sowie seine Unterhose herunter.

Wie einfühlsam Verteidiger übrigens in solchen Fällen zu Werke gehen, halten Hauptverhandlungsprotokolle gewissenhaft fest.

Der Verteidiger beantragte unter Berücksichtigung seines Infantilismus auf sexuellem Gebiet eine deutlich mildere Strafe als der Staatsanwalt.

Auch eine oberflächliche Betrachtung mag im Einzelfall gründlich ausfallen. Hier allerdings mit der Folge, daß sich die Polizei bei der Auslegung dessen, was ein junges Mädchen einem Mitschüler vorwarf, reichlich pingelig anstellte.

Lisa ist von ihrer körperlichen Entwicklung her (äußerer Anschein) keineswegs so entwickelt, daß es möglich wäre, ihr an den Busen zu fassen, weil der einfach noch nicht vorhanden ist.

Und ebenfalls eine oberflächliche Betrachtungsweise muß es gewesen sein, die die Polizei bei früheren Verkehrskontrollen an den Tag gelegt hatte. Anders war einfach nicht zu erklären, daß dieser deutsche Autofahrer bislang ungeschoren davongekommen war. Noch nie, so behauptete er, sei sein Führerschein beanstandet worden. Doch als diesmal ein Beamter das als nationaler dänischer Führerschein aufgemachte Dokument genauer unter die Lupe nahm, stieß er auf Verblüffendes:

Es handelt sich um eine Fälschung. Die in dänischer Sprache eingetragenen Führerscheinklassen bedeuten:
Klasse A: Seifenkisten mit mehr als 2 Sitzplätzen
Klasse B: Hundeschlitten mit zwei Hunden

Klasse C: Eselskarren bis 350 kg Tragkraft
Klasse D: Dromedar-Karawanen mit bis zu 12 Haremsdamen
Klasse E: Tandem-Fahrräder mit Hänger und max. 3 Personen

KØREKORT PERMIS D'AUTOMOBILE	DANMARK	(DK)	DANEMARK
1. Efternavn	Dette kort giver ret til at føre		
2. Fornavn/øgenavne/kælenavne			
3. Personnr. (evt. fødselsdato og -år)	A. SÆBEKASSEVOGN med over 2 siddepl.		GYLDIG TOLIPIET
4. Bopæl/tilholdssted/stamværtshus	B. HUNDESLÆDE med op til 2 hunde		GYLDIG TOLIPIET
5. Udstedt af GERMANY-Berlin	C. ÆSELDREVET trækvogn op til 350 kg		GYLDIG TOLIPIET
6. Udstedt den	D. DROMEDAR-KARAVANE med op til 12 haremsdamer		GYLDIG TOLIPIET
7. Gyldig til ÅR 2050 Nummer NR: 09999	E. TANDEMCYKEL m. anhænger og max. 3 pers.		GYLDIG TOL T
TOLIPIMESTEREN HESTERØD MODBEVISKONTORET /CN	050790	FØRSTE KØREKORT 19 96	

Der Beschuldigte räumte denn auch ein, schon geraume Zeit
keine Fahrerlaubnis mehr zu besitzen und den «Führerschein»
in Dänemark gekauft zu haben.

Bei genauem Hinsehen hatte sich dieser «Führerschein» also
als das entpuppt, was ein Anwalt in einem anderen Fall einmal
so formuliert hat:

Mein Mandant besitzt einen schwerbehinderten Ausweis.

Bei Verkehrskontrollen zeigen sich nicht wenige Autofahrer
uneinsichtig und versuchen sogar noch, die eingesetzten Beamten für dumm zu verkaufen.

Der kontrollierte Fahrzeughalter verhielt sich sehr unkoopera-
tiv. Er war der Meinung, daß wir Leihen sind und keine Ahnung
hätten.

Leihe – des einen Freud, des anderen Leid. Anwaltlicher Schriftsatz:

*Mein Mandant kann sich auf dem Frontfoto nicht erkennen. Der
Wagen muß von einer anderen Person gefahren worden sein. Da
mein Mandant seinen Wagen des öfteren auch anderen Leid,
geht er davon aus, den Wagen nicht gefahren zu haben.*

Die Begegnung mit den Früchten des Diktats aus Anlaß der
Unterschrift – nur allzugern buchstäblich ein Blind Date.

Bei einer Polizeikontrolle interessieren ganz andere Dinge als
etwa eine nackte Betrachtungsweise. Wer das mißachtet, dem
zieht die Polizei die Hosen stramm.

*Der Beschuldigte wurde wiederholt aufgefordert, seinen Bun-
despersonalausweis auszuhändigen. Plötzlich griff er an seine
Hose, öffnete diese und zog aus seiner Unterhose sein Geschlechtsteil hervor. Er ergriff dieses und versuchte es rhythmisch zu rei-
ben. Dieses wurde durch die Beamten Klaubner und Zerr
dadurch verhindert, daß sie die Hose des Beschuldigten wieder
hochzogen und ihn aufforderten, dieses zu unterlassen.*

Hier versuchte ein alkoholisierter Ladendieb vor den herbeige-
rufenen Beamten sogar alles abzulegen, wenn auch kein
Geständnis.

*Es konnten bei dem Beschuldigten, der uns seinen Namen nicht
nennen wollte, keine Ausweispapiere aufgefunden werden.*
*Nachdem sich der Beschuldigte nun unaufgefordert mehrfach
vor den eingesetzten Beamten ausziehen wollte (was unterbun-
den werden konnte), nannte er uns schließlich doch Namen und
Adresse.*

Und das Gegenteil von nackter Betrachtungsweise erleben wir
abschließend hier.

*Der Beschuldigte befand sich zu diesem Zeitpunkt schon in Be-
kleidung von 2 Polizeibeamten.*

Natürlich weiß ich, daß wir das früher schon mal so ähnlich hatten, aber diese doppelte Amtsanmaßung wollte ich Ihnen nicht
vorenthalten haben.

18. Das hätte Dr. Freud erfreut

Wenn bei einer sprachlichen Fehlleistung das zum Ausdruck kommt, was der Sprecher an sich denkt, aber vielleicht im Moment unter der Decke halten will, so bezeichnet man dies bekanntlich als Freudschen Versprecher.

Und so kann beispielsweise auch ein Versprechen zum Versprecher geraten. Wie bei diesem U-Gefangenen, der seiner leidgeprüften Liebsten in einem Brief versichern wollte, künftig nun wirklich den Pfad der Tugend einzuschlagen.

Glaub mir, wenn ich hier raus komme, werde ich mein Leben um 360° ändern.

Ebenfalls verräterisch beklagte sich jemand im Einspruch gegen seinen Strafbefehl:

Ich kann nicht verstehen, warum man mir wegen einer so belangbaren Sache einen Strafbefehl zustellt.

Dr. Freud hatte wohl auch seine Hand im Spiel, als ein Sandwichtoaster, mit dessen Einsatz jemandem gewaltsam die Finger verbrannt worden waren, im Protokoll zu einem

Handwichtoaster

mutierte.

Und in einer Verkehrssache verkündete ein Anwalt:

Unter Vorlage einer Vollmacht zeige ich an, daß mich der Geschädigte mit der Wahrnehmung seiner widerrechtlichen Interessen gegenüber dem Unfallgegner beauftragt hat.

Anwälte wissen eben über einen Fall meist mehr, als nach außen dringen soll. Aber manchmal passiert es eben doch.

Geradezu mit Geschenken überhäuft habe der Mandant die inzwischen abtrünnige Geliebte, weshalb die Geschenke jetzt auch wegen groben Undanks zurückgefordert wurden.

Aber vielleicht trug der Anwalt ja ungewollt zugleich auch den anderen Teil der Wahrheit vor.

Der Kläger war nie kleinlich. Er hat im Gegenteil die Beklagte immer großzügig versorgt und auch beschimpft.

Über einen Angeklagten, der ständig high war, hieß es im Urteil:

Der Angeklagte ist seit mehreren Jahren betäubungsmittelabhängig, schwebt jedoch eine Therapie an.

Wenn schon das Risiko eines Tankbetruges eingegangen wird, dann aber, bitteschön, den Pkw vollgetankt bis zum Stehkragen. Was schluckt so eine Karre im Stadtverkehr auch weg. Das alles schwang wohl mit, als die Rede war von einem

Tankbetrank.

Gefreut hätte sich Dr. Freud sicherlich auch über jenen offenbar ratlosen Anwalt, der in einem Zivilverfahren nicht die Einrede, sondern die

Ausrede der Verjährung

erhob.

Ob die dann beim Gericht auch zieht, scheint je nach erkennendem Richter so eine Art Glaubensfrage zu sein. Eine Anwältin:

Über die Einrede der Verjährung hat sich der seinerzeit bekennende Richter des Amtsgerichts einfach hinweggesetzt.

Mit ähnlichem Zungenschlag übrigens auch dieser Buskontrolleur:

Der manipulierte Fahrschein wurde von mir konfessiert.

Bemerkenswert war auch, was einem Praktiker der Kommunalverwaltung herausrutschte, als er in einer Dienstbesprechung die Diskrepanz zwischen Theorie und Praxis beklagen wollte.

Die Praxis sieht anders aus als die Realität.

Verwaltungspraxis und Bürgernähe, das ist in der Tat ein zuweilen ganz eigenes, eher düsteres Kapitel.

Aber es gibt natürlich umgekehrt auch realitätsferne Vorstellungen des betroffenen Bürgers. Wenn sich dann eine Kreisverwaltung einem wahren Dauerfeuer querulatorischer Eingaben eines solchen Bürgers ausgesetzt sieht, hilft vielleicht am Ende nur noch eins: Ironie.

Voller Erwartung sah ich einem weiteren Brief von Ihnen entgegen. Endlich ist er bei mir gelandet. Ich wüßte sonst in dieser trostlosen Welt überhaupt nichts mit mir anzufangen. Nur Ihre Briefe richten mich immer wieder auf, lassen mich an der Wirklichkeit nicht verzagen. Sie sind offensichtlich ein Mensch, der das Gute erkannt hat und alles Böse verdrängen möchte!
Ich bitte Sie noch einmal ausdrücklich: Schreiben Sie mir weiter solche schönen Briefe mit einem derartigen ernsthaften Inhalt.
Da ich weiß, daß ich Ihnen in einer Antwort nicht auch nur annähernd Gleichwertiges anbieten könnte, ziehe ich es vor, auch weiterhin in dieser auf hohem Niveau stehenden Angelegenheit zu schweigen. Vielleicht schweigen auch Sie?

Vor der Urteilsverkündung haben Angeklagte das letzte Wort. Darin erklären viele, sich ihrem Anwalt anzuschließen. (Vor allem dessen Ausreden, wie Spötter meinen.)

In dieser Hauptverhandlung aber hieß es:

Ich biete mich meinem Anwalt an.

Was hier im Vorfeld als Sonderhonorierung ausgehandelt worden sein mochte, wollen wir lieber nicht vertiefen.

Als in einer Hauptverhandlung die Angeklagte trotz erdrückender Beweislage weiterhin bestritt, meinte der Vorsitzende in Richtung Verteidiger, es wäre doch sicher gut, wenn jetzt mal die Hosen runtergelassen würden. Antwort des Verteidigers:

Ich würde ja, aber sie will nicht.

Es gehört zum fair trail, zum fairen Strafprozeß, daß jeder ausreden darf, selbst bei Ausreden. Ob die dann überzeugen, steht auf einem anderen Blatt. Für die Ungläubigen im Saal bedeutet es jedenfalls nachträglich eine Genugtuung, wenn auch der Bundesgerichtshof im Revisionsverfahren mit Kopfschütteln reagiert.

Mit Recht hat das Landgericht die vom Verteidiger des Angeklagten, Rechtsanwalt Dr. K., in der Hauptverhandlung als Einlassung des Angeklagten verlesene Erklärung – die Beute sei dem Angeklagten von dem wahren Täter zugeworfen worden, als er, zufällig mit einer durchgeladenen Pistole bewaffnet, in einem Waldstück nahe einer Straße seine Notdurft verrichtet habe – als völlig lebensfremd und schlechterdings nicht nachvollziehbar bezeichnet.

(BGH, NStZ 2005, 341)

Sehr wörtlich mit der Notdurft nahm es dieser Zeitgenosse.

Ich habe die Svetlana in der Diskothek zur Rede stellen wollen. Sie sagte daraufhin nur, daß ich mich verpissen soll. Anschließend bin ich dann auf die Toilette gegangen.

Doch zurück zu Dr. Freud. Wenn ein renitenter Autofahrer auf der Autobahn seinen Vordermann drangsaliert, ihn mit dichtem Auffahren geradezu sadistisch quält, dann wundert kaum, wenn in einer Anzeige aus einer eingesetzten Lichthupe plötzlich eine

Lusthupe

wird.

Polizeiliche Vernehmungen werden nur in Ausnahmefällen auf Tonband mitgeschnitten. Entweder diktieren die Beamten die Aussagen auf Band oder aber bringen sie gleich selbst zu Papier. Bei umfangreichem Vernehmungsstoff kann sich letzteres, trotz Pausen nach jeweils einigen Sätzen, als sehr anstrengend erweisen.

Ich habe Sie vorgeladen, um mit Ihnen über einige Vorfälle aus diesem und dem letzten Jahr zu sprechen.
Ich möchte Sie bitten, Ihre Angaben in Ruhe zu machen, da ich diese mitschreiben werde. Bitte machen Sie jeweils nach zwei bis drei Jahren eine kurze Pause, damit ich diese aufschreiben kann. Eine Aufzeichnung auf Tonband mache ich nicht.

Sogenannte Vermögensermittlungen haben zweifellos ein hehres Ziel, dienen sie doch, neben der eigentlichen Bestrafung, der Abschöpfung krimineller Gewinne. Solche Ermittlungen sind indes keineswegs einfach, die Rechtslage zudem kompliziert und das Ergebnis oft ernüchternd. Und so schrieb sich in einem Bericht an die Staatsanwaltschaft dieser Kriminalbeamte unbewußt seinen Frust von der Seele.

Nach dem Gespräch im Hause der Staatsanwaltschaft wird höflichst um telefonische Rücksprache gebeten, damit Art und Umfang der weiteren Vermögensermittlungen abgebrochen werden können.

Als Dummy-Firmen bezeichneten sie ihre noch zu gründenden Scheinfirmen, mit denen gewiefte Gauner Kasse machen wollten, was schlicht eine Schweinerei ist. Die Polizei war den Typen allerdings auf die Schliche gekommen und hörte ihre Telefonate ab. Über ein Gespräch vermerkte die Polizei:

A und B vereinbarten ein persönliches Zusammentreffen, um noch offene Fragen zur Firmengründung zu erörtern. Für das geplante Geschäft sei viel Arbeit, auch zu Schweinzwecken, notwendig, erläuterte A.

Und zum Schluß noch zwei Fundstücke mit bewußt böswilligem Wortspiel:

Rechtsflegel statt Rechtspfleger und

Schwierigmutter für Schwiegermutter.

19. Tierleben

Wer einen Dachschaden hat, läßt diesen reparieren. Das ist für beide Seiten nicht ungefährlich.

Aus einem Unfallbericht der Polizei:

Es wird uns vor Ort übereinstimmend berichtet, daß der Verunfallte aus Unachtsamkeit, während seiner Tätigkeit auf dem Dach der Schweinemastanlage, auf eine Lichtplatte getreten sei. Da die Lichtplatte lediglich aus Plastik besteht, sei sie durchgebrochen, und der Verunfallte sei aus einer Höhe von ca. 5 m in den Schweinestall gefallen. Dabei fiel er auf ein Schwein. Nach Angaben der behandelnden Ärztin habe dieser Umstand ihn vor schwerwiegenden Verletzungen bewahrt.

Ich würde mal sagen: Schwein gehabt.

In einer Anklage lautete der Vorwurf, «einem Wirbeltier aus Roheit erhebliche Schmerzen und Leiden zugefügt zu haben» (§ 17 Tierschutzgesetz). Geschrieben am Rosenmontag, wurde daraus:

... einem Wirbeltier außer Hoheit erhebliche Scherze und Leiden zugefügt zu haben.

Denkbarer Sachverhalt: Erst zum Froschkönig gekürt, dann aufgeblasen und schließlich ungeküßt verlacht.

Dienstherr an Hundeherr:

Durch die von Ihrem Rottweiler-Mischling schuldhaft verursachte Bißverletzung ist meine Beamtin zwei Wochen dienstunfähig gewesen.

Wie schön also für Herrchen, wenn allein der Hund schuld hat. Das allerdings wird nur selten so gesehen, denn in aller Regel hat Herrchen sich nach einem Biß seines Vierbeiners selbst zu verantworten, beispielsweise in einem Ermittlungsverfahren wegen fahrlässiger Körperverletzung. Warum dann aber nicht wenigstens gemeinsam mit «Waldi» (Name ausnahmsweise mal nicht geändert) bei der Polizei aufkreuzen und einen guten Eindruck machen?

Der Dobermann-Rottweiler-Mischlingshund «Waldi» des Beschuldigten wird von ihm anläßlich seiner Vernehmung zur Dienststelle mitgebracht und vorgeführt.

Der Hund war friedlich, aufmerksam und zeitweilig verspielt. Vom Beschuldigten/Hundehalter in der Dienststelle von der Leine gelassen, schnupperte er aufmerksam, auch an mir und ließ sich ohne jegliche Einwirkung durch den Beschuldigten von mir streicheln.

Auf ruhigen Befehl des Beschuldigten legte «Waldi» sich zu Füßen des Beschuldigten ab. Da die Vernehmung länger dauerte, wurde «Waldi» nach einiger Zeit verspielt, indem er begann, mit der Hundeleine zu spielen und daran zu ziehen. Der Grund wurde nach Beendigung der Vernehmung ersichtlich, als «Waldi» nach Verlassen der Dienststelle an der Begrenzungshecke zum Nachbargrundstück sein Bein hob und erst einmal anhaltend «strullte».

Auch im nächsten Fall wurde prinzipiell der Hund vorgeschickt, als die Polizei kam, zumal Herrchen sich gerade mit geistigen Dingen beschäftigte.

Wir haben an der Haustür der Familie Zapf geklingelt. Es war dann so, daß uns der Hund der Familie die Haustür öffnete und wir sie aber wieder zuzogen. Nach erneutem Klingeln öffnete dann ein Kind die Haustür. Ich fragte das Kind nach den Eltern. Das Kind verschwand, und dann kam ein alkoholisierter Mann an die Tür.

Wenn einem Hündchen Schwerwiegendes angelastet wird und Frauchen im Rahmen der Tierhalterhaftung gleich mit, wenn ein Fall zum Fall wird, dann ist ein Anwalt vonnöten, der leichtfü-ßig durch die Tücken des Sachverhalts führt.

Aus der Sicht der Beklagten stellt sich der «Schadensfall» wie folgt dar:

Die Beklagte betreibt einen Friseursalon. Die Klägerin hatte einen festen Termin um 9.00 Uhr, kam aber ca. 20 Minuten zu spät und war in großer Eile. So kam sie in das Geschäftslokal der Beklagten, wobei zu sagen ist, daß die Eingangstür an der Türzarge links angeschlagen ist und sich nach innen öffnet. Der Beklagten ist erinnerlich, daß die Klägerin die Eingangstür von außen mit der linken Hand geöffnet hatte, sodann mit der Körperfront zur geöffneten Schmalseite der Tür sich um zunächst 180 Grad drehte, mit der rechten Hand die Tür schloß und ihren Körper um weitere 180 Grad gegen den Uhrzeigersinn drehte, um dann auf die ca. drei Schritte von der Tür entfernte Garderobe, die von innen her gesehen links neben der Tür sich befindet, zuzusteuern. Die Klägerin hatte maximal zwei Schritte in diese Richtung getan, als sie zusammensackte und auf dem Fußboden zu sitzen kam.

Es ist also zu betonen, daß die Klägerin nicht gestürzt ist und in irgendeine Richtung hinfiel, sondern an der Stelle, an der sie sich gerade aufgrund eigener Bewegung befand, auf dem Fuß-boden zu sitzen kam.

Richtig ist, daß der kleine Hund der Beklagten zur Begrüßung auf die Klägerin zulief; ob er sie erreichte, bevor die Klägerin zusammensackte, insbesondere zwischen ihre Füße geriet, ver-mag die Beklagte nicht zu sagen. Sie hält das jedoch eher für unwahrscheinlich und muß diese Behauptung mit Nichtwissen bestreiten, da der kleine Hund der Rasse «Shih-Tzu» diese Begegnung mit der Klägerin sicherlich nicht überlebt hätte, wenn er ihr tatsächlich zwischen die Füße geraten wäre. Der Hund hat eine Schulterhöhe von ca. 20–25 cm und eine Körper-länge von ca. 40 cm. Die Klägerin ist ca. 1,75 m groß und ist bzw. war zum Unfallzeitpunkt sehr schwergewichtig.

Der Hund hat auch keinerlei Laut von sich gegeben, was jedoch zwingend anzunehmen wäre, wenn er sich zwischen den Füßen oder in unmittelbarer Nähe der Klägerin befunden hätte, als diese zu Boden ging.

Die Klägerin trug an diesem Tage – wie auch sonst – auffällig hohe Schuhe, und zwar Stiefel mit sehr hohem Absatz. Die Fortbewegung mit diesem Schuhwerk bei der Körpergröße und der Korpulenz der Klägerin stellt für sich genommen ein sehr risikobehaftetes Kunststück dar. Unter Berücksichtigung aller Umstände spricht daher alles dafür, daß die Klägerin nicht über den Hund der Beklagten, sondern über ihre eigenen Füße in ihrer Eile gestolpert ist und sie aus der Drehbewegung ihres Körpers beim Öffnen und Schließen der Geschäftseingangstür ins «Trudeln» geraten ist. Wäre die Klägerin tatsächlich über den Hund der Beklagten gestolpert, hätte sie nach vorne hinschlagen, zumindest auf die Knie fallen müssen. Tatsächlich kam sie jedoch auf ihrem Gesäß zur Ruhe.

Verteidiger trauen fremden Hunden nicht über den Weg und vor allem so einiges zu.

Aus einem Einspruch gegen einen Strafbefehl:

Beim Hund des Angeklagten handelt es sich um eine Mischung wohl aus Pekinese und Dackel. Er besitzt ihn seit 5 Jahren und ist noch nie auffällig geworden. Am Tatort und zur Tatzeit liefen neben dem Hund des Angeklagten noch andere Hunde herum. Auch die Geschädigte war mit einem Hund unterwegs, und es ist im Bereich des Möglichen, daß ihr eigener Hund sie gebissen hat.

Es gibt eben immer mehr Möglichkeiten, als man denkt.

Einsatzbericht der Polizei:

Herr Zubunt hatte mit seinem Sohn eine verbale Auseinandersetzung, worauf ihm sein Sohn ins Bein biß. Darauf habe er seinen Sohn mit der flachen Hand ins Gesicht geschlagen.

Strafanzeige einer Hundehalterin, die sich als strenge Befürworterin der Todesstrafe entpuppte:

Btr.: Strafantrag gegen eine mir unbekannte Hundehalterin, Rasse Jokshire.

Mein Schnauzer lief mir von der Leine, sah ein Jokshire, die Tierhalterin ließ ihre Leine lang, mein Schnauzer schmuste an ihm, plötzlich biß der Jokshire meinen Schnauzer in die Nase.

Die Hundehalterin war aber nicht nur rassig.

Nach meiner Ansicht gehört der Jokshire einer Lebedame; das Verhalten ihres Tieres ist abartig.

Die eigenen Ermittlungen waren zwar erfolglos verlaufen, hatten aber immerhin so eine Art polizeiliches Führungszeugnis erbracht.

Ich war bei der Bahnhofsmission, danach bei der Bundespolizei. Die sahen mein Tier und bemerkten, daß dies ein gesundes Verhalten hat.

Ich bitte um Ermittlungen gegen die Tierhalterin und stelle zugleich Antrag, dieses Tier Jokshire einzuschläfern.

Der Titel eines polizeilichen Sicherheitskonzepts lautete übrigens:

Reduzierung von Gefahrensituationen, insbesondere durch das unvorschriftsmäßige Halten von Hunden

Wo die Deckfähigkeit von Rüden nicht artgerecht getestet wird, darf man sich über Unmut beim versagenden Tier nicht wundern.

Aus einem Zivilurteil:

Wenn der Hund bei der Zeugin Zappel überhaupt keinen Deckversuch unternommen hat, können hieraus keine Schlüsse auf seine Deckfähigkeit gezogen werden. Auch die näheren Umstände bei dem anschließenden Deckversuch bei der Bekannten der Zeu-

gin Zappel sind unbekannt, wobei Hector bereits sehr aggressiv gewesen sein soll und dies Auswirkungen auf seine Deckfähigkeit gehabt haben kann.

Beim Ringen um die Beute werden von Jagdhunden ganz besondere Fertigkeiten erwartet. Sie reagieren zudem äußerst unwirsch, wenn fremde Jäger sich erdreisten, ihnen Befehle zu erteilen.

Der Kläger forderte den Hund auf, zur Seite zu gehen. Der Hund ging dann auch einige Meter zur Seite. Er hob das Jagdgewehr und legte an, um das Schwein zu erlegen.

Die Jägersprache, auch in ihren bluttriefenden Ausprägungen, ist den Juristen keineswegs fremd.

Er drang vor bis zum Schreibtisch des Geschäftsführers, welchen er gezielt aufbrach.

Wenn Hunde ihre Duftmarken setzen, an jeder Ecke ihr Geschäft verrichten, kann dies durchaus an die Emsigkeit unerwünschter Haustürwerber erinnern.

Ich habe der Frau nochmals gesagt, daß sie das Haus und den Flurbereich verlassen solle. Erneut erwiderte sie, daß dies ein öffentlicher Flur sei und sie jetzt bei den anderen Mietern an die Wohnungstüren gehen werde, um dort ihr Geschäft zu machen.

Und immer wieder gern gelesen:

Guten Tag Amtsgericht und Staatsanwaltschaft!
Ich beantrage für mich und meine Geldstrafe eine Rattenzahlung. Bitte um Bescheid, wie hoch meine Ratten sein müssen.

Keine Ratten, sondern bereits den kompletten Kaufpreis hatte diese Dame überwiesen, als der per Internet gekaufte Tisch eintraf, der nun auf seine alten Tage noch richtig Leben in die Bude gebracht.

Der Verkäufer hielt es nicht für nötig, auf meine zahlreichen E-Mails und meine Einschreibebriefe zu antworten. Er stellte sich einfach «tot», ganz im Gegensatz zu den mitverkauften Holzwürmern.

Doch nun zu den echten Ratten. Da bat in einer Zivilsache der Beklagte kurzfristig um Terminsverlegung. Immerhin sei seine Motoryacht in Griechenland durch Rattenfraß beschädigt worden und der Gerichtstermin kollidiere mit der Sachverständigenbegutachtung und dem Handwerkertermin vor Ort.

Das Gericht lehnte ab, weil die einwöchige Frist nach § 227 Abs. 3 ZPO nicht gewahrt war, und fügte lebensklug hinzu:

Der Rattenfraß an Motoryachten ist ein allgemein auftretendes Phänomen, das uns jedoch alle betrifft, so daß die Beteiligten aller Verfahren ständig organisieren müssen, Gerichtstermine trotz dieses zeitraubenden Problems wahrzunehmen.

Im übrigen warten südliche Gestade neben Rattenfraß mit noch ganz anderen Phänomenen auf. Aus einem Reiserechtsfall:

Das Baden im Meer war nicht möglich, da während der gesamten Urlaubszeit eine schmutzige stinkende Brühe in das Meer eingeleitet wurde, die zu einer starken Verschmutzung des Meerwassers führte. Verschmutzungsbedingt wurde eine Vielzahl toter Fischer an den Strand gespült.

Und die Zustände im Ferienbungalow?

Bei der ersten Besichtigung des im Keller gelegenen Schlafzimmers wurde der Kläger von einer großen Ratte begrüßt. Diese flüchtete zwar schnell aus dem Zimmer, die Beklagte wird jedoch kaum vortragen können, daß es sich bei der Ratte um den in südlichen Gefilden üblichen «Empfangschef» gehandelt habe.

Irgendwo müssen die possierlichen Tierchen ja bleiben, wenn die Yacht verzehrt ist.

Jeder Streit um entgangene Reisefreuden ist auch für die beteiligten Anwälte eine ernste Angelegenheit.

Da der Schriftsatz der Gegenseite unter dem 11.11. abgefaßt worden ist und dieses Datum zumindest hier im Rheinland als Auftakt zum «Jeckentreiben» bekannt ist, nimmt der Kläger die Ausführungen der Beklagten unter diesem Gesichtspunkt entgegen.

Wenn die Beklagte vortragen läßt, daß das von ihr vermietete Ferienhaus so beschaffen sei, daß sich dort selbst der Kaiser von China hätte wohlfühlen können, so kann der Kläger dies durchaus nachvollziehen, zumal die Beklagte, wenn auch nicht unter Angabe der vollständigen ladungsfähigen Anschrift, hierfür Beweis anbietet durch «dessen Zeugnis».

Da aufgrund dieses Beweisantrittes davon ausgegangen werden muß, daß sie den letzten noch lebenden Kaiser von China in ihrer eigenen Sache als Zeugen benennt, läßt die Beklagte jedoch zugleich mit diesem Beweisantritt nicht nur jede Sachlichkeit vermissen, sondern darüber hinaus erkennen, daß sie erhebliche geschichtliche Wissenslücken hat. Wir unterstellen es als gerichtsbekannt, daß der letzte Kaiser von China mehrere Jahre im Gefängnis zugebracht hat, so daß es für den Unterzeichner durchaus nachvollziehbar ist, daß dieser Kaiser von China sich im Haus der Beklagten trotz der in der Klageschrift geschilderten Mißstände durchaus wohlgefühlt haben kann.

Inwieweit Primaten tatsächlich zu einer mehr oder weniger klaren Artikulation fähig sind, wird zum Teil überschätzt.

Die Jugendlichen hinderten die Geschädigte daran, ihren Weg fortzusetzen, indem sie um sie herumsprangen, dabei Affen imitierten und sie mit den Worten «Die Alte, die Alte!» beleidigten.

Sind richtige Tiere im Spiel, läßt die Polizei übrigens auch gern mal Humor aufblitzen. So hieß es nach einem Wildunfall in der Verkehrunfallsanzeige:

BESCHULDIGTE PERSON 01, Unerlaubtes Entfernen: **JA**

Mündigkeit	
Verkehrsbeteiligung	sonstige Verkehrsbeteiligung
Name	**Wild**
Geburtsname	
Vorname	**Reh**
Geburtsdatum	
Geburtsort/-land	
Geschlecht	unbekannt
Staatsangehörigkeit	
Wohnsitz	

Familienstand

20. Fehlerteufel

Auch diesmal fanden sich wieder etliche Begriffe, die ins Trudeln geraten waren – sei es im Eifer des Gefechts, sei es unter
dem Zeitdruck des Tagesgeschäfts oder sei es auch nach dem
Motto «Geschrieben wie gehört».

So werden zwar manche Verfahren wegen eines Verfahrenshin-
dernisses eingestellt, noch nie geschah dies jedoch wegen eines

Verkehrshindernisses,

auch wird allenfalls ein Notwegerecht bewilligt, sicherlich kein

Notwehrgericht,

ein Anwalt verspricht dem Gericht eine Vollmachtsvorlage,
keine

Vormundsvorlage

zwar kennen wir Verwaltungsgerichte, aber keine

Vergewaltigungsgerichte,

eine Kommune fordert einen Erschließungsbeitrag, aber selbst
von hoffnungslos säumigen Bürgern keinen

Erschießungsbeitrag,

es heißt immer noch Cannabis und Amphetamine, keinesfalls

Cannabis und Ahnvitamine,

und immer noch Bundeszentralregisterauszug, nicht

Bundeszentralgeisterauszug,

man kann sich noch so sehr streiten, dennoch spricht man von
rechtlichen Erwägungen, nicht von

rechtlichen Erregungen,

man mag zwar das Gefühl haben, die eigene Rechtsstellung werde unterminiert, trotzdem wird sie vom Gericht nicht einfach

umterminiert,

und auch wenn ein Beklagter mit Vornamen Heinz heißt, wird in seinem Mietprozeß höchstens um die Heizkosten gestritten, nicht jedoch um die

Heinzkosten.

Ferner wurde aus einem schwindenden Lebenswillen, ganz im Stile einer Lebenslüge, ein

schwindelnder Lebenswille,

geriet eine Verleumdung zur

Verleugnung,

avancierte eine demente Vermieterin, die sich an amtlicher Post für ihren Mieter vergriffen hatte, zu einer

dezenten Vermieterin

und gab es bei der Aufzählung von Unfallschäden zwar keine Fahrertür, aber immerhin eine

Fahrradtür.

Besonders fleißige Diebe stehlen gewerbsmäßig. Und ein fauler? Der …

… wird angeklagt,
    einem anderen fremde, bewegliche Sachen in der Absicht rechtswidriger Zueignung weggenommen zu haben, wobei er mäßig stahl.

Bei manchen Straftatbeständen muß für eine Verfolgung zusätzlich eine sogenannte objektive Bedingung der Strafbarkeit erfüllt sein, nicht etwa eine

objektive Billigung der Strafbarkeit.

Schwarzfahren mag ein Massendelikt und Volkssport sein, trotzdem spricht man juristisch von einer Beförderungserschleichung, nicht von

Bevölkerungserschleichung.

Im übrigen wird aus Strafakten nicht
mit Wunsch telezitiert,
sondern allenfalls mit Fundstelle zitiert.

Die Finanzkrise brachte offenbar ganze Branchen um den Verstand, hörten wir in einer Akte doch von einem

schizophrenen Firmenkreis,
vermutlich aus dem schizophrenen Formenkreis.

Daß Justitia bei der Rechtsfindung auf Schritt und Tritt mit ihrem Meßinstrument zugegen ist, bewies dieser Satz in einem Urteil:
Die Angaben der Zeugin waren infolge des langen Zeitablaufs im Verhältnis zur früheren Aussage naturgemäß waage geworden.

Eine Standardformulierung in der Strafjustiz lautet, eine Sanktion sei tat- und schuldangemessen. Doch verbirgt sich hinter dieser Wendung noch ein weiterer, ganz ungewöhnlicher Aspekt.

Die Staatsanwaltschaft hält die ausgeurteilten Einzelstrafen insgesamt für tatunschuldsangemessen.

Wenn eine Staatsanwaltschaft alle Register zieht und ihre Ermittlungen auf breiter Front anlaufen läßt, empfinden Betroffene sie schon mal als

Staatsanwalzschaft.

Die Amtsbezeichnung Rechtspfleger wird in den Akten meist mit «Rpfl» abgekürzt, zuweilen wohl auch in Diktaten. Nur so erklärt sich folgender Verfügungspunkt:

Herrn Rüpfel unter Hinweis auf obigen Vermerk zur weiteren Veranlassung

Wer ein Spracherkennungsprogramm benutzt, sollte keine Wunder erwarten, sondern die Ergebnisse nüchtern betrachten. So muß es in einer Urteilsurkunde nach wie vor Amtsgericht Rottweil lauten, nicht etwa

Amtsgericht Rotwein.

Dennoch kennen sich die heutigen Spracherkennungsprogramme zweifellos gut aus. Da diktierte ein Verwaltungsrichter «Verrentung», und was schrieb das Programm?

Verelendung

Die gerichtliche Entscheidung mochte Unbehagen verursacht haben, allerdings heißt es immer noch Amtsgericht Kusel und nicht

Amtsgericht Grusel.

Bei Aufteilung und Trennung eines Grundstücks wird das Katasteramt tätig. Das aber nimmt allenfalls eine Neukatastrierung vor und niemals das, was ein Anwalt in einem Schriftsatz behauptet hat, nämlich eine

Neukastrierung.

Überhaupt Neukastrierung, was für eine Wortschöpfung! Als handele es sich an besagter Stelle um nachwachsende Rohstoffe.

Es ist auch nicht gut, wenn ein einschlägiger Kommentar zur Strafvollstreckungsordnung behauptet, eine verurteilte Person werde

aus behördlicher Verwahrung der Straftat zugeführt,

wenn es lediglich um das Aufnahmeersuchen für die Strafhaft geht.

Und wenn sich ein Angeschuldigter laut Anklageschrift mit Händen und Füßen dagegen gewehrt haben soll, in einen

Fuckstreifenwagen

einzusteigen, sollte man ihm das eigentlich nachsehen.

Wo sich in amtlichen Schreiben regelmäßig ganze Passagen wiederholen, kann heute zum Glück auf gespeicherte Textbausteine zurückgegriffen werden. Einmal sorgfältig konzipiert, erweisen sie sich als Bollwerke gegen die sonst üblichen Tippfehler.
    Hier ein Musterbeispiel für ein solches Standardschreiben der Staatsanwaltschaft an einen Beschuldigten:

Nach dem Gesetz steht es Ihnen frei, sich zu der Beschuldigung zu äußern oder von Ihrem Aussageverweigerungsrecht Gebrauch zu machen. Sie hat weiter das Recht, jederzeit einen von Ihnen zu wählenden Verteidiger zu befragen. Außerdem ist er berechtigt, einzelne Beweiserhebungen zu beantragen.
    Mit dem beigefügten Äußerungsbogen erhält Sie die Gelegenheit, die gegen Sie vorliegenden Verdachtsgründe zu beseitigen

und die zu seinen Gunsten sprechenden Tatsachen geltend zu machen.

Nach § 111 des Ordnungswidrigkeitengesetzes ist Sie verpflichtet, seine Personalien unter A des Äußerungsbogens anzugeben. Das gilt auch dann, wenn er zur Sache selbst keine Angaben machen will.

Das Ganze endete mit einer Aufforderung, die die Staatsanwaltschaft sich sinngemäß mal lieber selbst hinter die Ohren geschrieben hätte:

Schreiben Sie bitte gut lesbar.

Gut lesbar, das will auch bei Gericht beherzigt sein. Als jemand in einem Verfahren wegen «Verbotenen Abbrennens von Gegenständen im Freien» verurteilt wurde, kritzelte der Richter den Urteilstenor derart kryptisch in die Akten, daß das schriftliche Urteil behauptete, der Betroffene sei des

verbotenen Abbremsens von Gegenständen im Freien schuldig.

Erst bei der Staatsanwaltschaft bemerkte man diesen Unfug und sandte die Akten zurück mit der Bitte, «im Hinblick auf das Abbremsen eine Urteilsberichtigung vorzunehmen». Bis zum Richter drangen die Akten allerdings nicht vor. Denn da gab es bei Gericht einen aufmerksamen Vorstopper, der bei der Staatsanwaltschaft die Ignoranz von Legasthenikern vermutete. Entsprechend kehrten die Akten zurück:

Laut Duden wird Abbremsen wie ausgeurteilt geschrieben.

Alles nach dem Motto: Was weißt du denn.

Eine schöne Geschichte hat mir auch Rechtsanwalt Yves Atkinson aus Friedrichsdorf berichtet. Kaum hatte er seine erste Anstellung in einer Kanzlei, da trat er, noch vor seiner Zulassung als Rechtsanwalt, als Assessor in einer Zivilsache vor einem Amtsgericht auf. Er nannte dem Richter seinen Namen und buchstabierte ihn sogar. Wohl irritiert durch die Tatsache, daß sein Gegenüber einen ausländischen Namen trug und dazu noch Assessor war, nuschelte der Vorsitzende mit Mühe «Assessor Atkinson» ins Diktiergerät. Was die Schreibkraft verstand und daraus machte, hatte schlicht noblen Charakter.

... erschienen bei Aufruf der Sache:
für die Klägerin Rechtsanwältin Dörr
sowie der Beklagte in Person im Beistand von Sir Atkinson.

In einem Verfahren über eine einstweilige Verfügung zählte ein Bürger seine Erfolgsaussichten an drei Fingern ab und trug beherzt vor:

Die Einszweieiverfügung werde ich nicht zurückziehen.

Die Vergabe- und Vertragsordnung für Bauleistungen, abgekürzt VOB, ist ein Klauselwerk, das unter anderem Regelungen für den Inhalt von Bauverträgen enthält. Wird die VOB in einen Vertrag einbezogen, spielt sie dort noch vor den gesetzlichen Regelungen des BGB die erste Geige. Bei diesem Vertrag jedoch schien ausgerechnet das weibliche Stadtoberhaupt das Sagen zu haben. Anwaltlicher Vortrag:

Der Vertrag richtet sich nach den Bestimmungen der Frau OB.

Ein Fäkalfluch unterster Güte dürfte ihm entfahren sein, als ein Handydieb zu Hause diese Feststellung traf:

Ich habe dann die Sim-Karte von meinem Handy in das geklaute gemacht. Das Handy ging aber nicht. Es war wohl ein Sperrkot drinnen, den ich nicht kannte.

Auf eine geradezu sagenhafte Wandlungsfähigkeit bringen es in Notsituationen übrigens handylose Zeitgenossen.
    Aus einer Brandermittlung:

Passant bemerkt Brandgeruch in der Nähe der Kirche, geht dem Geruch nach und stellt in der offenen Sakristei einen Brand fest. Als Telefonzelle verständigt er die Feuerwehr.

Geschrieben wie gehört, es ist und bleibt die beliebteste Rechtschreibregel jenseits aller Duden-Weisheiten.

Das gilt natürlich gerade für Wendungen, für die man erst das Fremdwörterlexikon bemühen müßte, beispielsweise für elegantes Latein. So kam jemand ad hoc und damit für den Augenblick nicht drauf, wie man eben dies schrieb. Zu lesen war:

Auf Frage gebe ich an, daß mir à toc keine individuellen Merkmale zum entwendeten Fahrradrahmen einfallen.

Und dann das Englische! Zwar sind Anglizismen unverkennbar auf dem Vormarsch, und zwar allerorten.

III. Angaben zur Beschuldigung

◻ Ich mache von meinem Aussageverweigerungsrecht Gebrauch.

◻ Ich werde eine Rechtsanwältin oder einen Rechtsanwalt mit der Wahrnehmung meiner Interessen beauftragen und bin damit einverstanden, dass die Staatsanwaltschaft sich mit ihr oder ihm in Verbindung setzt.

◻ Ich gebe die Tat zu.

◻ Ich gebe die Tat nicht zu.

☑ Ich sage wie folgt aus (ggf. geben Sie bitte ein weiteres Blatt hinzu):

siehe nexte Blätter

Aber trotzdem geriet eine Couch zur

Kautsch,

wurde aus Stalking

Storking,

aus Sweatshirt

Zwetschört,

und, weil natürlich nicht jeder so eine vornehme Oxford-Lautschrift pflegt, aus einem T-Shirt ein simples

Tischert,

ferner aus einem Notebook

ein Notbock,

aus einem Mitarbeiter der Security

ein Sexurity-Arbeiter,

und ab der standesamtlichen Eintragung aus einer englisch ausgesprochenen Caroline eine

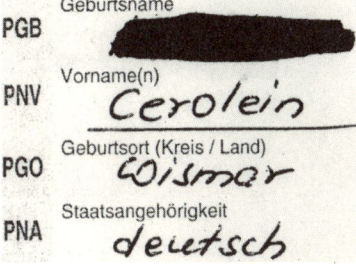

und aus einem Andrew ein

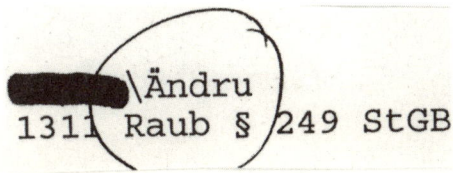

Wie bemerkte einst Kurt Tucholsky:

Das Englische ist eine einfache, aber schwere Sprache. Es besteht aus lauter Fremdwörtern, die falsch ausgesprochen werden.

Oder eben, umgekehrt, falsch geschrieben.

Übrigens Stalking. Unser Gesetz kennt diesen Begriff nicht («Die Gerichtssprache ist deutsch.»), spricht in § 238 StGB vielmehr von Nachstellung, nicht jedoch, wie in einer Anzeige behauptet, von

Nachtstellung.

Denn das ist womöglich das, was dem Missionar tagsüber verwehrt bleibt.

Von Unsicherheit geplagt war auch jemand, was die britische Hunderasse Airedale-Terrier anging. Er schrieb

Erdal-Terrier.

Dann doch lieber auf Haustiere zurückgreifen, deren Schreibweise uns vertraut ist, etwa auf Meerschweinchen und Wellensittich.

Merchweinchen   *Webredlich*

Weitere schöne Beispiele für derartige Klangschreibungen waren:

Fahrradnarbe,

Autofrack

und

Kurthose.

Apropos Cordhose. Da so etwas nicht ständig in Mode ist, wollen manche lieber einen

Schmirsladen gnagen

Mit anderen Worten einen Jeansladen knacken.

Und so gilt am Ende für alles in diesem Kapitel Gebotene die bittere Erkenntnis der Polizei, die nachträglich einmal bestimmte Daten zu korrigieren hatte und dabei reumütig vermerkte:

Es hatte sich mal wieder der Fehrlerteufel eingeschlichen.

Aus der Beck'schen Reihe